LA MUSIQUE CHEZ LE PEUPLE

ou

L'OPÉRA-NATIONAL

SON PASSÉ ET SON AVENIR

SUR LE

BOULEVARD DU TEMPLE.

> « La musique n'a pas été donnée à l'homme, par les Dieux immortels, pour réjouir et chatouiller seulement ses oreilles, mais encore pour soulager ses douleurs, calmer les troubles de son âme et ces mouvements tumultueux qu'éprouve nécessairement un corps rempli d'imperfections. »
>
> (PLATON...)

Par le vicomte de PONTÉCOULANT et Ed. FOURNIER.

PARIS.

CHEZ GARNIER FRÈRES, LIBRAIRES,
au Palais-Royal (péristyle Montpensier).

ET CHEZ TOUS LES MARCHANDS DE NOUVEAUTÉS.

Imprimerie Dondey-Dupré, rue Saint-Louis, 46, au Marais.

1847

Imprimerie Dondey-Dupré, rue Saint-Louis, 46, au Marais.

A

MONSIEUR T. MIRECOUR,

Directeur de l'Opéra-National.

A

MONSIEUR AD. ADAM,

Co-Directeur.

> Plebis musa novo lenit modulamine mores.
> (CLAUDIEN, *De Consul. Theod. Mallii.*)

Témoignage de vive espérance et de profonde sympathie pour leur noble et courageuse entreprise.

AD. Vte DE PONTÉCOULANT et Ed. FOURNIER.

OPÉRA-NATIONAL.

Encore un théâtre sur le boulevard du Temple ! Voilà le cri de tout Paris. Un théâtre lyrique au boulevard !!! Voilà l'exclamation de tous; sceptique de la part du plus grand nombre, dédaigneuse pour quelques-uns, et pour tout dire aussi, presque malveillante de la part de plus d'un spéculateur jaloux. Eh bien, pour nous, ces quelques mots si diversement interprétés sont un cri de joie, un cri d'espoir. Ils nous annoncent enfin qu'il s'est trouvé des gens assez courageux, ayant assez foi dans les bons instincts du peuple pour tenter de le régénérer par la musique; pour tenter d'assouplir, de calmer, par l'*antidote lyrique*, toutes ses passions si tourmentées, si furieusement surexcitées ailleurs, grâce au genre échevelé dont on lui a fait une fièvre chronique; grâce au mélodrame pris à fortes doses.

L'*Opéra-National* toutefois est un voisin de bonne compagnie, aux mœurs faciles, aux allures douces et agréables, qui vient paisiblement planter sa tente aux lieux où le succès peut luire pour chacun, au milieu des classes laborieuses, où il y a de la foule pour tout le monde. Qu'on ne craigne donc point son approche. Théâtres du drame, si vous avez de grands succès, le trop plein de votre salle fera son public, et de même, dans ses bons jours, vous serez heureux d'avoir part dans son superflu. Ne riez pas, railleurs : car ce superflu dont nous parlons ne lui manquera pas. Tout nouveau qu'il paraisse être, il a, lui aussi, son beau passé au boulevard du Temple, nous le prouverons bien tout à l'heure ; il a son passé de triomphes populaires et de grasses recettes. Sachez-le bien, cet *Opéra* qu'on traite d'inconnu ici, qu'on veut proscrire comme un intrus, est venu tout des premiers y demander asile, alors même que vous n'existiez pas même en projet, superbes théâtres du drame ; c'est lui qui tout des premiers, en faisant mouvoir ses machines, en faisant chanter et danser ses pantins, en faisant bégayer ses premiers élèves au son de la musique, a su attirer ici la foule ; c'est lui qui la naturalisant dans un lieu jusque-là désert, vous a créé enfin ce populeux boulevard, Eldorado de vos mélodrames.

Savez-vous en effet ce qu'était il y a cent ans le boulevard du Temple, cette promenade aujourd'hui si pleine de bruits, si animée de plaisirs, ce rendez-vous de toutes les joies populaires, ce lieu vanté où l'ouvrier est sûr de trouver tous les amusements qu'il a rêvés, où l'homme à projets hardis, prenant les plaisirs du peuple pour but de son exploitation, est toujours sûr de voir fructifier l'idée ingénieuse et féconde qu'il n'a garde de porter ailleurs? Eh bien, c'était un désert de boue, un cloaque immonde, infectant de ses exhalaisons la grande ville qu'il resserrait comme dans une ceinture d'immondices et de fanges. En 1526, François Ier craignant que les Flamands, qui déjà assiégeaient Péronne, ne poussassent leur entreprise jusqu'à Paris, avait voulu mettre cette ville en état de défense; il avait donc fait élever de la porte Saint-Antoine à la porte Saint-Denis un haut rempart, défendu par des fossés et par de fortes murailles. Les ennemis ne vinrent point, mais le rempart fut conservé. Tout cela était bien, et quand vint le temps des discordes civiles, quand les guerres insensées de la Ligue et de la Fronde amenèrent encore des armées aux portes de Paris, on ne tarda pas à voir que cette mesure de François Ier faisant enceindre sa capitale d'un boulevard fortifié, était utile et prudente; la grande ville y gagnait une force et un embellissement. Par malheur, au pied de la nouvelle muraille se trouvait le grand égout de Paris, immense cloaque découvert, formé par une simple tranchée fouillée dans les marais. Tous les ruisseaux venant du quartier de l'Arsenal et des Cultures Saint-Gervais et Sainte-Catherine, tous les torrents fangeux et putrides découlant des buttes de Ménilmontant, de Belleville et de Montfaucon venaient grossir ce grand réceptacle d'ordures, et former en s'y amoncelant un immense lac fangeux et stagnant.

Le voisinage d'un pareil cloaque était des plus funestes; il rendait même toute habitation impossible dans les lieux infectés incessamment de ses miasmes pestilentiels. Aussi le boulevard du Temple, qu'on appelait alors Rempart du Marais, resta-t-il longtemps désert; tandis que le reste de ce riche quartier se peuplait de magnifiques hôtels, de somptueuses demeures, aucune maison ne s'éleva sur ce val empesté. A la fin du dix-septième siècle, l'aspect du rempart était encore celui d'un long et large chemin, couvert de hautes herbes, et bordé d'un côté par les murs déjà croulants de la ville, de l'autre par les hautes murailles des jardins des hôtels de Vendôme et des couvents du Calvaire et des Filles du Sauveur. En vain Louis XIII avait-il fait prolonger jusque-là quelques-unes des longues voies du Marais, les rues de Saintonge et d'Angoumois; en vain le riche financier Claude Charlot avait-il fait bâtir quelques maisons dans cette dernière rue qui a gardé son nom, rien n'avait pu amener la vie sur cette plage maudite. Le rempart du Marais restait une solitude où les filous et les tire-laine s'embusquaient la nuit, et où pendant le jour les bourgeois du Marais laissaient errer leurs chevaux et leurs mules comme dans une vaine pâture. Une anecdote racontée par Tallemant des Réaux va vous faire voir que les mazettes de ce quartier n'avaient pas d'autre pâturage:
« A propos de chevaux, dit-il, je ne saurais que je ne mette ici la misérable aventure des chevaux de Chambonnière, cet excellent joueur de clavecin. Il avait un carrosse, mais faute de nourriture, il

envoyait paître ses chevaux sur le rempart du Marais. Je vous laisse à penser en quel état ils étaient. Des écorcheurs les prirent pour des chevaux condamnés, et un beau matin ils les écorchèrent tous les deux. » La même anecdote est racontée dans le *Segraisiana*; elle y vient à la suite d'une autre non moins plaisante sur les chevaux de ce même Chambonnière, qui ne se contentant pas de se faire gentilhomme, voulait encore faire le grand seigneur. « Il avait, dit Segrais, un carrosse traîné par deux méchants chevaux, avec un page en effigie et rempli de foin, attaché sur le derrière. Étant au Cours, où les carrosses se suivent en marchant lentement, selon la coutume, les chevaux qui suivaient le sien, sentant le foin devant eux, se mirent à prendre le page par les jambes ; quelqu'un qui s'en aperçut, cria au cocher : *Prenez garde à vos chevaux, ils mangent le page de monsieur.* » Mais revenons au boulevard du Temple, où l'on ne devra plus renconter de musiciens dans un si misérable équipage. Les destinées promises à l'Opéra-National nous en sont plus que jamais une sûre garantie.

Sous Louis XIV, l'édilité parisienne ayant fait quelques progrès en matière de salubrité, on s'avisa enfin de penser qu'il était urgent d'assainir le rempart et de rendre ainsi ses abords habitables. En 1668, on commença à abaisser le boulevard et à démolir les murs d'enceinte, à partir surtout de la porte Saint-Louis jusqu'à la porte Saint-Denis ; puis, lorsqu'il ne resta plus debout sur ce long espace que quelques pans de murailles, on y planta cinq rangées d'arbres. L'égout par malheur avait été oublié dans ces améliorations. Il restait toujours là béant et infect, étiolant de ses émanations fétides les nouvelles plantations, et tenant toujours à distance habitants et visiteurs. En 1705, la promenade était créée, il n'y manquait que des promeneurs. On songea enfin à les y attirer, ou plutôt à détruire les causes qui les en éloignaient. En 1737, le grand égout fut reconstruit, éloigné des remparts et surtout rendu plus salubre, grâce au grand réservoir qu'on établit au coin de la rue Ménilmontant, et dont les courants d'eau vive lâchés à propos devaient chasser devant eux jusqu'à la Seine les masses d'immondices. Le rempart fut enfin abordable, la foule commença à y venir et à se familiariser de plus en plus avec ses approches. En 1756, le boulevard du Temple était déjà devenu la promenade à la mode. Le petit peuple des environs aimait à y trouver un promenoir commode et prochain; chaque dimanche donc, en se rendant aux Courtilles du faubourg du Temple, il y affluait de tous les centres les plus populeux; de la rue Saint-Antoine, de Popincourt, de la Grand'Pinte et de la Roquette. Les grands seigneurs eux-mêmes n'en dédaignaient pas les abords. Lorsqu'ils revenaient de Versailles à leurs hôtels du Marais, ils ordonnaient à leur cocher de prendre la file et d'aller au pas; ils s'amusaient ainsi plus longtemps des ébats et de la joie du peuple.

Alors cependant la salubrité du rempart n'était pas encore complète, l'égout resté découvert l'empestait toujours et éloignait les plus délicats. A les entendre, la promenade du boulevard du Temple ne devait devenir possible que lorsque ce cloaque aurait enfin été couvert de voûtes solides. « Cette réparation, écrit, en 1756, Poncet de la Grave, dans son livre si curieux et si rare aujourd'hui des *Embellissements de Paris*, cette réparation de l'égout est devenue essentielle depuis qu'on a choisi le boulevard pour promenade, parce qu'il répand au loin une odeur infectée et par conséquent désagréable; je crois à cet égard ne pas être le seul qui en ait fait l'expérience. » Mais comme le peuple, partie seule intéressée dans cette affaire, ne se dégoûtait plus pour si peu de sa promenade préférée, et continuait de s'y porter en foule; quelques échoppes commencèrent à s'élever sur le boulevard du Temple, accrochant leurs cloisons de planches aux derniers débris de l'ancienne enceinte. C'étaient la plupart du temps de misérables baraques construites à la hâte par des bateleurs échappés des foires Saint-Germain et Saint-Laurent, et continuant d'exploiter sur le boulevard la curiosité populaire.

Le premier qui y fit un établissement plus solide, fut un certain Fourré, entrepreneur de grands spectacles à machines. Servandoni, dont il était l'élève, avait mis à la mode ce genre de représentations dans son théâtre, établi aux Tuileries; ce qui ne l'empêchait pas de préparer dans ce même temps le plan de l'église de Saint-Sulpice. Les plaisants disaient, à ce propos, que faisant pour l'architecture ce que l'abbé Pellegrin faisait pour la littérature dramatique :

Le matin catholique et le soir idolâtre,
Il dînait de l'autel et soupait du théâtre.

Fourré fit construire sa salle à l'endroit où l'on bâtit plus tard l'ancien Ambigu, et où nous voyons aujourd'hui le théâtre des *Folies-Dramatiques;* puis se mettant en grands frais de machines, de décorations, et voire même de musique, il y représenta les pièces que Servandoni avait organisées lui-même, et dont il s'était fait un répertoire de 1740 à 1757. C'étaient : la *Descente d'Énée aux enfers*, pantomime en sept scènes; les *Travaux d'Ulysse*, la *Forêt enchantée*, pantomime jouée, en 1754, à grand renfort de merveilles et de prestiges, et égayée par la musique de ce bon Geminiani, mort vers 1820, âgé de cent dix-huit ans.

En 1760, Fourré quitta le boulevard du Temple. En partant il loua sa salle à un pauvre diable nommé Nicolet, qui voulait lui aussi tenter la fortune.

Nicolet cependant n'avait pas des visées si hautes que mons Fourré le grand machiniste. Fils d'un joueur de marionnettes qui depuis trente ans faisait danser ses pantins aux foires Saint-Germain, Saint-Laurent et Saint-Ovide, joueur de marionnettes lui-même, son ambition n'allait qu'à faire mouvoir avec plus ou moins de prestesse les fils de ses pantins, et à faire glapir et grincer à propos la pratique de fer-blanc d'où Polichinelle tirait sa voix. Sa réussite ne fut pas douteuse. Il prit si vite et si bien le peuple à l'appât de ses grimaces et de ses lazzis, qu'en 1764, l'affluence croissant toujours à ses représentations, il fut contraint d'abandonner la loge de Fourré, qui se trouva trop petite. C'est alors qu'il loua tout près de là, pour y construire une nouvelle salle, la portion de terrain occupée aujourd'hui par le théâtre de la Gaîté.

« Il est difficile, dit le *Mémorial dramatique* de 1808, guide moins connu, mais certainement plus sûr pour nous que l'Histoire des petits théâtres de Brazier, citée et copiée sans discernement par tout le monde, il est difficile de se représenter les obstacles que la localité opposait aux efforts du nouvel entrepreneur. Le premier qu'il rencontra fut celui de ne pouvoir élever sa salle plus haut que les remparts de la ville, qui existaient encore en partie, ce qui gêna extrêmement sa construction. L'inégalité des terrains, des fossés à remplir, tout semblait devoir le faire renoncer à son projet; mais il sut braver les obstacles, et après les avoir surmontés, il acheta, en 1767, le terrain sur lequel il avait bâti. » Ces détails sont de la plus grande vérité, et nous aimons à voir qu'on rende ici justice au courage de ce pauvre Nicolet, forcé de lutter corps à corps avec tant d'obstacles, construisant un théâtre sur les terres mouvantes d'un fossé à peine comblé, desséchant d'immenses flaques d'eau amassées incessamment par les pluies à la porte de sa salle, et enfin, ce qu'il eût été bon d'ajouter pour achever le tableau, charriant chaque jour d'hiver des tombereaux de cendre et de sable pour ménager un passage sur la glace et les neiges à ceux qui étaient assez hardis pour fréquenter son théâtre. Nicolet nous semble être ici le type et le modèle de ces directeurs courageux qui se préparent au succès par une lutte constante et intrépide contre toutes les entraves.

Une fois dans sa nouvelle salle, il ne se contenta plus de ses marionnettes; il enrôla une troupe d'équilibristes, de joueurs de tambour de basque, de tourneuses agiles, qui devaient occuper les entr'actes, et relayer ainsi les petits acteurs de bois. Nous avons sous les yeux une gravure de la fin du dernier siècle représentant un de ces étonnants entr'actes chez Nicolet. C'est un spectacle à faire trembler, et qui rendrait jaloux tous les Risley présents et futurs. Ils sont là une douzaine de gaillards bien taillés qui s'escriment à qui se disloquera le mieux. Celui-ci fait l'arbre fourchu sur trois chaises superposées; celui-là se tient la tête en bas et en équilibre sur le haut d'une échelle; cet autre tient un enfant à bras tendu, et le reçoit dans sa main après mille et mille cabrioles. Quand on a bien considéré cette effrayante gravure, on comprend toute la justesse des mots latins qui se lisent au haut : *Nec plus ultrà*, devise conservée encore aujourd'hui par tous les acrobates forains, et dont un latiniste du Pont-aux-Choux donnait cette traduction très-libre : *De plus fort en plus fort.* On sait d'ailleurs que ces derniers mots étaient aussi la formule consacrée chez Nicolet; le peuple même ne les sépare pas encore de son nom, c'est grâce à eux peut-être qu'il vivra toujours, et sera immortel, comme un proverbe.

L'habile directeur ne s'en tenait pas là; chaque

jour il inventait nouvelle merveille, pour tenir en haleine la curiosité de ce peuple qu'il savait facile à blaser et changeant. Tantôt il se risquait jusqu'à mettre en scène de véritables acteurs, défiant ainsi toutes les colères et toutes les prérogatives des comédiens français; d'autres fois, plus soumis aux ordonnances qui le forçaient de se renfermer dans les bornes de sa permission, il ne hasardait plus sur ses tréteaux que des animaux, des chiens ou des singes. Alors, comme dans la pièce d'*Arlequin dogue d'Angleterre*, où il fit fureur, il allait jusqu'à se métamorphoser lui-même en chien, aboyant et hurlant. Mais le plus souvent c'était à un vrai singe admirablement dressé, et resté longtemps célèbre dans les chroniques foraines, qu'il laissait le soin de jouer son personnage au naturel. Nicolet devait faire facilement fortune : c'est ce qui arriva. En 1772, il était assez riche pour n'avoir plus à désirer que quelques honneurs. Il y songea donc. Un jour qu'il était allé jouer à Choisy devant Louis XV et madame Dubarry, il demanda pour lui et sa troupe le titre de *grands danseurs du roi*. Louis XV le lui accorda sans peine, et grâce à cette nouvelle dignité, Nicolet put presque se croire directeur d'un théâtre royal. Il n'en fut pas plus fier; son joyeux masque n'en devint pas plus sévère, son geste plus empesé, sa gambade moins agile. Nicolet était un danseur philosophe, voire même quelque peu stoïque : un succès l'émouvait à peine, un revers ne le faisait pas sourciller. Jamais une plaisanterie ne sut l'atteindre ; et pourtant les couplets moqueurs, les railleries mordantes pleuvaient sur lui de toutes parts. Nous connaissons entre autres une plaisante macaronée dont il est le héros et dont voici le titre: *Macaronicam et luculentissimam dissertationem Nicoleti de optimo et gallicissimo usu pirouetandi, aerostandi et degringolandi ad instar infelicissimi Michaelis Morini, qui volens denichare pias, de branchâ in brancham degringolat atque facit... pouf.* Nicolet riait de tout cela, et il n'en continuait que mieux à gambader et à faire fortune. Il ne fut ému, il ne pleura qu'une fois : c'est lorsqu'il perdit son pauvre Taconnet, l'homme qui avait le plus aidé à sa fortune, sans jamais songer à la sienne. Depuis quelques jours Taconnet n'avait pas paru au théâtre des *grands danseurs;* Nicolet, inquiet, court au cabaret, et ne l'*y* trouve pas.

— Le malheureux ! se dit-il alors, il ne peut être qu'à l'hôpital. Il vole à la Charité, et y trouve en effet son pauvre acteur, l'espoir de son théâtre, le soutien de sa fortune, couché sur le grabat de misère et râlant déjà entre deux religieuses. Alors le désespoir le prend :

— Sauvez-moi mon Taconnet ! s'écrie-t-il en se jetant aux genoux des deux sœurs; puis courant après un médecin qui passait: Sauvez-moi, répète-t-il encore, sauvez-moi mon pauvre Taconnet, il y aura cent louis pour vous !

A ces derniers mots, le moribond se ranime, rouvre à moitié un œil, et de cette voix de savetier qui l'avait rendu si longtemps l'idole de la populace :

— Monsieur Nicolet, dit-il, pourriez-vous pas me prêter douze francs à compte ?

Il n'en put dire davantage, et son dernier éclat de rire se perdit dans le râle suprême.

Ainsi mourut en vrai savetier ce comédien du peuple dont un seul mot fera l'éloge : « Il aurait, disait-on, été déplacé dans les cordonniers. »

Cette mort de Taconnet fut, nous le répétons, le seul chagrin de Nicolet. Du reste, comme nous l'avons dit aussi, il n'était ému ni des revers ni des moqueries; il n'était pas même inquiet de la concurrence des spectacles rivaux, qui chaque jour pourtant se pressaient plus nombreux autour de sa loge. Le premier qui avait été établi ainsi était celui d'Audinot et de ses *bamboches* ou *comédiens de bois*. Forcé par les injustices de quelques-uns de ses camarades de quitter l'Opéra-Comique, dont il était l'un des premiers acteurs, Audinot s'était vengé de cette sorte de disgrâce en habile et malicieux artiste. Il avait exécuté lui-même ou fait exécuter sous ses yeux de petites marionnettes fort ingénieusement organisées, et surtout fort ressemblantes de traits et de gestes avec ses anciens camarades. Là était toute sa vengeance; sa fortune y fut aussi. Chacun voulut voir les acteurs de la comédie Italienne parodiés et moqués par les petits comédiens de bois. La foule accourut donc au théâtre d'Audinot, établi d'abord, mais non pour longtemps, à la foire Saint-Germain. En 1769, il déplaça ses tréteaux et vint se loger avec toute sa troupe de bois tout près du spectacle de Nicolet, dans la salle bâtie par Fourré. Le succès l'y suivit. Il fut bientôt en état d'ajouter au spectacle de ses bamboches celui de petits ballets d'action fort gracieusement exécutés, et qui firent fortune. Audinot fut engagé par là à supprimer peu à peu ses marionnettes, et à les remplacer par de petits acteurs qu'il sut choisir fort jolis ou fort intelligents. Quand tout fut ainsi réglé, il songea à donner un nom à son théâtre formé d'éléments si divers; il choisit celui d'*Ambigu-Comique*, titre célèbre au boulevard, et auquel tous les successeurs d'Audinot sont restés fidèles, même en déplaçant le théâtre et en changeant son genre et ses premières attributions.

Un passage des *Mémoires secrets de Bachaumont* va vous résumer l'histoire du premier *Ambigu-Comique*, histoire que nous n'avons pas d'ailleurs la prétention de donner complète ici.

7 *octobre* 1771. — « Le sieur Audinot, ci-devant acteur de l'Opéra-Comique, et qui, depuis la transfusion de cette troupe dans celle des comédiens italiens, s'est trouvé dans le cas de s'évertuer par lui-même, après avoir tenté différentes manières de se faire valoir, a formé d'abord un théâtre de marionnettes, auquel ayant ajouté un petit nain propre au rôle d'Arlequin, il a acquis une sorte de vogue et s'est porté à de plus hautes entreprises: il a fait bâtir un théâtre charmant, et enfin s'est constitué directeur d'une troupe de petits enfants, auxquels il apprend à jouer la comédie, et qui par leurs grâces naïves attirent une infinité de monde. Deux auteurs disgraciés, comme, lui du Théâtre-Italien, MM. de Plainchesne et Moline, se sont adonnés à lui faire des pièces. La liberté qu'ils ont cru propre à ce genre de spectacle leur a donné lieu d'y glisser beaucoup de polissonneries. Les

filles se sont portées en foule de ce côté-là, et beaucoup de libertins, d'oisifs, de freluquets avec elles. Les femmes de la cour, qui en cette qualité se croient au-dessus de tous les préjugés, n'ont pas dédaigné d'y paraître, et ce théâtre est la vogue du jour. Il est encore plus fréquenté que Nicolet dans le temps de son singe. » Mais dès lors aussi Audinot, comme cela arrive à tous les heureux du monde et du théâtre, commença à être en butte à mille persécutions. L'archevêque de Paris porta plainte contre lui devant M. de Sartines, parce que dans une pièce, *le Triomphe de l'Amour et de l'Amitié*, il avait admis un chœur de prêtres païens vêtus d'habillements semblables aux aubes de nos prêtres catholiques. Après cette querelle d'Audinot avec l'archevêque de Paris, il lui en survint une plus grave avec les directeurs de l'Opéra. Jaloux de ses succès, qui nuisaient aux leurs, ils voulurent le forcer de se restreindre comme autrefois au jeu de ses marionnettes, et, bien plus, l'amener à leur payer, comme indemnité, un droit de 26 fr. par représentation. Cette fois le peuple prit parti pour son cher théâtre, et s'ameuta pour le défendre contre quiconque viendrait en ordonner la fermeture. Cette manifestation menaçante eut son effet ; l'Opéra et la police entrèrent en composition avec le théâtre si énergiquement protégé. Bachaumont put donc encore écrire, sous la date du 17 décembre 1771 : « La grande fermentation qu'opérait dans le public la réduction du spectacle d'Audinot, si essentiel aux plaisirs de cette capitale, a produit son effet. On vient de lui conserver tous les accessoires dont il avait embelli son petit théâtre, moyennant 12,000 liv. de rétribution pour l'Opéra. La foule redouble chez lui depuis ce temps, et il ne peut suffire à la multitude des curieux. » Audinot n'était pas seulement populaire; sa faveur était grande à la cour. Si l'on y avait quelque bambin royal, quelque princesse bien ennuyée à divertir, on le faisait venir avec toute sa troupe en diminutif. Quand la nouvelle comtesse d'Artois passa par Montargis, en 1773, on lui donna pour spectacle la *Noce de Montargis*, jouée à grand renfort de chœurs, de divertissements rustiques par les enfants d'Audinot. Ainsi tout lui réussissait, tous ses vœux de directeur actif et entreprenant étaient exaucés. Il put donc faire écrire alors sur sa toile cette devise au moins singulière : *Sicut infantes audi nos*, calembour latin que notre latiniste du Pont-aux-Choux traduisit encore ainsi : *Ci-gît les enfants d'Audinot*. Ce même traducteur de devises théâtrales avait expliqué non moins librement celle de l'Opéra-Comique, *Castigat ridendo mores* : le rideau cache les murs.

Sur la même ligne du boulevard du Temple, à l'endroit où fut plus tard le fameux café d'Apollon, et ensuite le spectacle non moins célèbre de madame Saqui, se trouvait alors le *Théâtre des Associés*. Il avait commencé par un grimacier et avait fini par des tragédies. Était-ce une décadence? Après tout il n'y avait eu que cela de changé; car on riait aux tragédies comme on avait ri au grimacier. Le spectacle commençait d'ailleurs toujours par des *marionnettes*, la tragédie venait ensuite; elle était prise d'ordinaire dans le vieux répertoire, que les Comédiens abandonnaient sans jalousie aux Associés. Ceux-ci n'y changeaient que les titres, qu'ils ne trouvaient pas assez alléchants pour leur public. L'ouvrier de la rue de la Roquette n'eût rien compris à ce simple titre : *Zaïre*; les Associés, qui s'entendaient à affriander leur monde, affichaient donc avec une remarquable intelligence : *Zaïre ou le Grand Turc mis à mort;* une autre fois c'était *Andromaque ou les Amours croisés*, etc. Le plus souvent ils ne se contentaient pas de cette affiche tentante, ils faisaient encore une annonce à la porte. Voici, par exemple, comment Sallé, qui cumulait chez les Associés la double charge de directeur et d'aboyeur, annonçait le *Grand festin de Pierre ou l'Athée foudroyé :* « Prrrr'nez vos billets !..... M. Pompée jouera ce soir avec toute sa garde-robe... faites voir l'habit du premier acte (et l'on montrait l'habit du premier acte)... Entrez ! entrez !... M. Pompée changera douze fois de costume !!! Il enlèvera la fille du Commandeur avec une veste à brandebourgs, et sera foudroyé avec un habit à paillettes ! » Comment résister à une telle réclame ? On entrait donc en masse ; le petit peuple pour pleurer, les amateurs pour rire :

> Je veux aller au boulevard,
> Quoiqu'en haillons, admirer Athalie;
> Voir jouer à Sallé le rôle de César,
> Et dans la comtesse d'Orbèche
> Applaudir à Goton Maillard.

L'auteur à qui nous empruntons ces vers nous

édifie par une note goguenarde sur la qualité des grands artistes qu'il vient de nommer :

« *Mathieu Sallé*, allié par les femmes à Chrysostome Critès, jadis compagnon en vieux cuir chez Eustache-Jérôme Chenaux, maître savetier, rue de la Madelaine, vis-à-vis le marché d'Aguesseau, et aujourd'hui directeur des Associés. Qui sait ce que deviendra ce spectacle? M. Mathieu Sallé se donne tous les soins imaginables pour le rendre digne du public.

» *La Goton*, première actrice des Associés, ci-devant marchande de vieux chapeaux sous le Grand-Châtelet. Elle ne joue pas si mal. »

En remontant un peu le boulevard, vis-à-vis la rue Charlot, on trouvait le théâtre plus sentimental et mieux hanté des *Elèves de l'Opéra;* grande pépinière lyrique, sorte de volière où venaient percher tous les rossignols, toutes les fauvettes à l'étude, ce théâtre ne recrutait sa troupe que parmi les jeunes artistes qui se destinaient à l'Opéra et à la Comédie Italienne; on n'y représentait donc que de grandes scènes musicales, des opéras, des drames lyriques, des pantomimes tragiques; ainsi: *La Jérusalem délivrée ou Renaud et Armide* (1779); *l'Amour enchaîné par Diane*, mélodrame-pantomime, par Moline; *Pygmalion ou l'Amour-Prométhée*, scène lyrique, par Poultier d'Elmotte, musique de Rochefort. Et toutes ces pièces, courues, applaudies, avaient un succès de quatre-vingts à cent représentations. Voilà, certes, un précédent curieux et de bon augure pour notre nouvel Opéra National. Vous voyez qu'en outre de ses autres droits aux sympathies populaires, il a déjà son privilége d'ancienneté conquis en plein boulevard du Temple. Les acteurs, qui ne mentaient jamais à leur titre d'*Elèves de l'Opéra,* avaient leur bonne part dans le succès des pièces. Leur jeune renommée, consacrée par la popularité du boulevard, était toujours un titre suffisant d'admission à l'Académie Royale et à la Comédie Italienne. Malgré la jalousie des gens du lieu, ils entraient donc d'emblée à ces théâtres, en chanteurs frais émoulus pour le succès. C'est ainsi que par la seule force de sa célébrité conquise au boulevard sur la scène des *Elèves des Opéras,* Parisot reçut, en 1780, un ordre de début pour les Italiens. Il y arrivait peu de temps après Volange, transfuge lui-même du Théâtre des Jeunes Artistes. L'un des matamores de l'endroit, le beau Michu, les voyant entrer tous deux dans le foyer des comédiens, se mit dès le premier soir à plaisanter sur leur admission malséante :

— On veut, je crois, dit-il avec dédain, nous infecter de tous les farceurs du boulevard.

— M. Michu, répliqua aussitôt Volange au bel acteur, giton reconnu du banquier juif Peixotto, si je ne respectais votre sexe, vous auriez affaire à moi.

Nommerons-nous maintenant, au risque de passer pour de froids et ennuyeux nomenclateurs, tous les petits spectacles qui bruissaient autour de ceux-ci? Les *Délassements-Comiques,* pauvre chétif théâtre accroché comme une échoppe aux murs de l'hôtel Foulon, et dont le directeur, M. Colon, n'avait, « aux termes de sa permission, que la liberté de faire jouer des marionnettes et quelques acteurs derrière une toile; » les *Bluettes-Comiques* du sieur Clément de Lornaison, lequel, par ordre de M. de Breteuil, ne pouvait produire sur ses tréteaux que des personnages muets, d'autres acteurs devant chanter et parler pour eux dans les coulisses, comme Guignol pour Polichinel; enfin les *Débris-Comiques* d'Aubry, qui, moins privilégié encore que ces directeurs de comédiens automates, pouvait seulement faire sauter des pantins et escamoter quelques muscades ! Nous aimeron mieux nous arrêter plus longtemps auprès de deux petits spectacles non moins modestes, non moins humbles, mais qui ont de plus que tous les autres le mérite de leur avoir survécu et d'exister encore. C'est *Curtius* d'abord, qui étalait déjà ses figures de cire dans le même lieu où nous l'avons vu si longtemps. Seulement son spectacle, toujours modelé sur quelque actualité, ne présentait en aucune façon les mêmes personnages. Alors c'était la cour de Versailles avec tout son cortége de rois, de princes et de marquis, qui s'y étalait en habits de parade : « Entrez, entrez ! criait l'aboyeur, entrez, messieurs, venez voir le grand couvert; entrez, c'est tout comme à Versailles ! » Curtius ne prenait que deux sols par personne, et il faisait voir la famille royale assise autour d'une grande table; puis, dans une pièce voisine, les plus jolies femmes de Paris moulées en cire, les écrivains en renom, les voleurs fameux, enfin toutes les célébrités du jour. Avouez que ce n'était pas cher. Il fit pourtant fortune, tant la foule était grande dans la salle. A certains jours, selon Mercier, il gagnait plus de cent écus « avec la montre de ces mannequins enluminés. » Le sieur Tuffaut, qui lui succéda, réussit mieux encore. Il est vrai que donnant à son spectacle un attrait tout à fait cosmopolite, il y fit voir tous les princes de l'Europe, *y compris l'empereur de la Chine;* de plus, une vraie momie d'Égypte qu'il avait achetée d'un apothicaire, et la chemise de Henri IV, qui lui venait on ne sait d'où.

L'autre spectacle dont nous vous parlions tout à l'heure était celui des *Ombres Chinoises du sieur Séraphin.* Oui, de Séraphin lui-même, cet homme magique, cet antipode de Croque-mitaine, dont le nom seul prononcé arrête tout court au milieu de ses cris et de ses sanglots le bambin entêté, et fait si gracieusement sourire la bonne d'enfant et le tourlourou. C'est en 1767, selon le baron de Grimm, que le noble jeu des ombres chinoises avait commencé à être connu en France. C'était une imitation du *Wanang-coulet* de Java, et du *Schattenspiel* allemand. Comme tous les jeux qui ne retombent aux mains des enfants qu'après avoir quelque temps amusé dans l'origine les oisifs du grand monde, les *Ombres Chinoises* furent tout d'abord en faveur à la cour. « Ce beau genre, dit ironiquement Grimm, vient d'être inventé en France où l'on en fait un amusement de société aussi spirituel que noble. » Une pièce, *l'Heureuse Pêche, comédie pour les ombres à scènes changeantes,* fut même écrite alors à la seule intention du nouveau spectacle. Ce fut la première du répertoire de Séraphin quand, vers 1780, il s'établit au boulevard du Temple. La loge qu'il se fit construire occupait l'emplacement même où s'éleva plus tard cette immense salle du Cirque dont l'Opéra National prend possession aujourd'hui. Ce premier théâtre de Séraphin fut longtemps des plus humbles et des moins fréquentés, ce qui faisait dire à un plaisant : « Le spectacle des Ombres n'a qu'une ombre de salle et une ombre de public. » Séraphin ne perdit pas courage ; il tint bon sur le boulevard du Temple, et même lorsqu'il se fut établi au Palais-Royal, dans la galerie de Valois, où il fit fortune, il garda comme succursale son premier théâtre du boulevard. Il y était encore en 1811. C'est Guillemain qui se chargeait de défrayer son répertoire. Cet auteur, qui n'écrivit pas moins de trois cent dix-huit pièces, comédies, drames ou vaudevilles, composa pour Séraphin, d'après une facétie du seizième siècle, la pièce classique du *Pont cassé* et celle du *Magicien Rothomago*, grandes épopées enfantines dont le succès devait survivre à tant de générations de marmots. Séraphin donnait à Guillemain 12 fr., une fois payés, pour chacun de ces petits chefs-d'œuvre qui ont fait sa fortune et sa renommée. C'était alors le prix courant des pièces aux spectacles du boulevard. On n'y connaissait pas d'autre droit d'auteur ; l'ouvrage allait jusqu'à cent ou deux cents représentations, sans que le pauvre diable de vaudevilliste pût élever la plus humble prétention sur le produit des recettes. Affamé et mal vêtu, comme Lazare à la porte du mauvais riche, il végétait et criait misère sans que le directeur enrichi par ses veilles lui donnât droit aux moindres miettes de ce grand succès. Guillemain sut pourtant un jour amollir le cœur de l'un de ces farouches *impresarii*. Son mélodrame comique d'*Annette et Basile* venait d'atteindre la centième représentation au théâtre des Beaujolais ; il se crut justement fondé à demander une prime. De nos jours, se gardant bien d'attendre une si longue épreuve, il l'eût exigée avant la première soirée, voire même avant la lecture. Voici la lettre singulière qu'il écrivit à cet effet au directeur.

« L'honneur nourrit les arts, Monsieur. Cicéron débitait cette belle maxime, mais il la débitait dans une très-jolie maison de campagne nommée *Tusculum*. Moi qui n'ai ni maison de campagne, ni maison de ville, à l'honneur je voudrais joindre un peu d'argent. De tous les auteurs qui ont travaillé pour votre spectacle, je suis le premier qui soit parvenu au nombre de cent représentations de la même pièce. Daignez, Monsieur, prouver qu'au jeu du Parnasse comme au piquet et au domino, on gagne à compter cent le premier. A propos de domino, j'ai l'honneur de vous assurer que, quelle que soit votre réponse, je ne bouderai jamais, et que je me ferai toujours un vrai plaisir de me rendre autant qu'il sera en moi utile à votre spectacle... » Le directeur, quelque peu lettré, fut sur le point de répondre à cette bizarre épître assaisonnée de calembourgs et de citations cicéronniennes, par ce simple axiome latin : *Nunquam bis in idem;* mais comme il tenait beaucoup aux pièces de Guillemain, il coupa court à cette correspondance en lui payant son drame une seconde fois.

Mais il est temps de quitter les spectacles et de voir enfin quels autres plaisirs attiraient la foule au boulevard du Temple. C'étaient d'abord les parades en plein vent de l'immortel Bobêche et du grand Galimafré. Ces amusants drôles avaient chaque soir leurs tréteaux dressés au-devant des théâtres qui les payaient le mieux, et dont ils étaient la vivante et joyeuse réclame. Un soir ils paradaient devant la loge de Curtius, un autre devant la baraque de Séraphin, et partout ils attiraient la foule. Les grands seigneurs étaient toujours en nombre : c'est là qu'ils apprenaient à s'encanailler, c'est là qu'ils passaient maîtres dans l'art de baragouiner ce jargon des halles qui, dès lors, farcissait tous leurs propos, et dont on retrouvait le parfum populacier dans ces petites pièces, « agréables ordures, » que Collé composait à l'usage de leurs théâtres clandestins. Ce digne pourvoyeur de scandales nous raconte lui-même comment un secrétaire de M. de Maurepas lui parlait de ces visites des seigneurs aux tréteaux de la foire et du boulevard. « Il me contait comme ça, dit-il dans son patois de la Courtille, il me contait qu'il luy était zarrivé d'avoir mené plus de vingt fois en sa vie, entre quatre et cinq heures du soir, MM. les chevaliers d'Orléans, grand-prieur de France, d'Argenson *La guerre*, comtes de Maurepas et de Caylus, dans les préaux des foires Saint-Germain et Saint-Laurent. Ces genti-shommes étaient deguisez en reguingottes, leurs chapeaux sus leurs têtes, et çà ces beaux masques t'avaient le plaisir de voir *incognito*, pour rien, representer les parades que joüaient de dessus leurs balcons, en dehors, messieurs les danseurs de corde, zavant qu'ils donnassent les représentations véritables où l'on payait... Ces scènes croustilleuses, la manière dont elles étaient rendues, la franche gaieté qu'ils y mettaient, les ordures gaillardes dont ils savaient les assaisonner ; enfin, jusqu'à leur prononciation vicieuse et pleine de cuirs, faisaient rire à crêver tous ces seigneurs de la cour qui n'étaient pas tout à fait dans l'habitude d'être grossiers, zet de voir chez le roi des joyeusetez aussi libres, que c'etait de là, me poursuivait-il toujours, qu'était née l'origine des parades de société ; et qu'il luy était venû dans l'idée de conterrefaire ces bouffonneries pour servir de divertissement zaprès des soupers d'honnêtes femmes, qui aiment çà. » Le comte d'Artois, notre Charles X, était de tous les princes celui qui se plaisait le mieux aux parades du boulevard du Temple, et qui en comprenait le plus habilement le jargon et les agréables obscénités. Il s'était fait sur ce boulevard une éducation complète. Le *grand Diable*, premier danseur chez Nicolet, lui avait donné des leçons d'équilibre que par malheur il oublia trop, quand, devenu roi, il dut équilibrer la royauté entre la Charte et le pouvoir absolu. Au théâtre d'Audinot, cette pépinière d'égrillardes comédiennes, il avait donné et reçu plus d'une bonne leçon. Enfin, tant était grande sa préférence pour la promenade populaire, en 1786, il y avait fait bâtir son jeu de paume, et quand son fils aîné était

2.

venu au monde, il avait voulu que son nom *d'Angoulême* fût donné à l'une des rues débouchant sur le boulevard du Temple. Comme 1830 devait démentir tous ces précédents populaires !

Les jardins publics, les bastringues, comme on disait alors, les cafés, les restaurants, étaient aussi fort nombreux et fort brillants sur le boulevard du Temple. Leur longue suite d'ombrages verdoyants et de façades étincelantes achevaient d'en faire, comme a dit Mercier, « une promenade vaste, magnifique, commode, ouverte à tous les états, et infiniment peuplée de tout ce qui pouvait la rendre agréable et récréative. » Le *Jardin Turc*, qui, en 1782, avait dépensé plus de quatre-vingts mille francs pour imiter l'architecture et éclipser le luxe de la *Redoute Chinoise*, s'y ouvrait déjà devant une affluence d'élite. « C'est le Frascati des habitants du Marais, écrit Prudhomme. Il y a beaucoup de petits cabinets mystérieux en verdure qui sont très-jolis. » Plus bas se trouvait la grande rotonde du *Jardin de Paphos*, connu plus tard sous le nom de *Jardin des Princes*. « C'est là, dit encore Prudhomme, que se rendent tous les virtuoses qui aiment la danse, la bière et le jeu. L'étranger pourra y faire des observations très-philosophiques. » Puis c'était le Colysée, si fameux lors de son ouverture en 1775, alors que Ruggieri en faisait le théâtre de ses feux d'artifice, et que le comte d'Artois y menait sa cour de filles et de roués, mais si déchu plus tard, quand tombé aux mains de Velloni, il ne fut plus qu'un repaire de courtisanes de bas étage. La longue file de cafés remplissait l'intervalle et reliait entre eux tous ces jardins publics. Les plus célèbres étaient le café Yon, le café des Arts, le café Godet, le café Lyrique, tous propres et avenants, et tous aussi recrutant chaque soir, pour attirer la foule et s'ériger en succursales lyriques des théâtres voisins, une troupe de musiciens et de chanteurs qui détonnaient à qui mieux mieux. « Ces cafés, écrit naïvement un contemporain, ces cafés à l'envi l'un de l'autre régalent les amateurs d'une musique souvent plaisante, quelquefois agréable. » Ainsi donc on connaissait déjà les instincts lyriques du peuple. Restait à les exploiter dans l'intérêt de l'art et au profit du bon goût. Pour compléter la cacophonie déjà compliquée du bruit des parades voisines et des cris de tous les aboyeurs des petits spectacles, une longue bande de marchands de galette, faisant chacun son tapage pour attirer les passants, se tenait aux environs des cafés. Entre tous on distinguait certaine pâtissière, superbe femme, haute en couleur et à l'œil provoquant, qui avait avant tout l'art de vendre une brioche de quatre jours pour une sortant du four.

— Sont-elles chaudes? sont-elles fraîches? lui demandait-on.

— Comme moi, Monsieur, répondait-elle, et cela avec un regard qui faisait immédiatement avaler la brioche la plus rance, la galette la plus racornie.

La révolution, qui survint bientôt, ne troubla en rien les plaisirs du peuple ; il n'y eut rien de changé au boulevard du Temple ; il n'y eut qu'un rieur de moins, le comte d'Artois. Alors, même dans les plus mauvais moments, il y eut toujours pour le rire et la farce populaires des accommodements avec la Terreur et la guillotine. Camille Desmoulins l'a dit quelque part avec cette énergie spirituelle qui faisait son éloquence : « D'un côté, écrit-il, l'on voyait des morts et des blessés, de l'autre, des comédies et des restaurateurs remplis de monde.... On se battait au Carrousel et au Champ-de-Mars, et le Palais-Royal étalait ses bergers et son Arcadie. A côté du tranchant de la guillotine où tombaient les têtes couronnées, sur la même place et dans le même temps, on guillotinait aussi Polichinelle, qui partageait l'attention. » La seule chose qui vînt attrister alors quelques-uns des habitués du boulevard fut la migration des marionnettes vers le Palais-Royal, où ils s'établirent, sous le nom de *Puppi napolitani*, dans la salle des jeux forains de la Montausier, et aussi vers les Champs-Élysées, où Polichinelle émigrant avec eux commença la fortune des Guignols de ce temps-là. C'est donc vers ces plages lointaines que le candide adorateur *del signor Pucinella* dut se diriger désormais; c'est là qu'à son grand regret Charles Nodier le retrouva quand il revint de son exil. Hélas ! son pauvre Polichinelle, le fétiche enfantin de ses plus chers loisirs, était bien isolé, bien dépaysé, bien perdu aux Champs-Élysées. Il ne lui en resta pas moins fidèle ; jamais il ne se passa un jour sans qu'il vînt du plus loin apporter à l'humble théâtre de Guignol l'hommage de son rire naïf et sincère, le tribut de son timide bravo. En 1832, il y revenait encore, quoique alors déjà il logeât à l'Arsenal et qu'il lui fallût faire au moins trois lieues pour arriver jusqu'à Polichinelle. Mais qu'est-ce que trois lieues pour un vrai croyant! Eh bien, le croiriez-vous? malgré cette longue familiarité de l'acteur de bois et du spectateur attentif, Polichinelle avait encore des secrets pour Nodier ; le pauvre grand homme en était encore réduit à écrire dans toute l'amertume de ses regrets, de ses courses perdues, de ses avances repoussées : « Depuis que je connais Polichinelle, comme tout le monde le connaît, pour l'avoir rencontré souvent sur la voie publique, dans sa maison portative, je n'ai pas passé un jour sans désirer de le connaître mieux ; mais ma timidité naturelle, et aussi quelque difficulté qui se trouve à la chose, m'ont empêché d'y réussir. Mes ambitions ont été si bornées, que je ne me rappelle pas qu'il me soit arrivé en ce genre d'autre désappointement, et je n'en conçois pas de comparable à l'inconsolable douleur que celui-ci me laisserait au dernier moment, si j'ai le malheur d'y parvenir sans avoir joui d'un entretien familier de Polichinelle en audience particulière. » Enfin un jour, se faisant plus hardi, il prit la ferme résolution de voir Polichinelle en déshabillé. Il attendit pour cela la fin d'une représentation ; quand le docteur eut bredouillé sa dernière réplique, il se glissa furtivement sous la toile à carreaux, et se trouva tout à coup au milieu du sanctuaire, face à face avec le terrible Guignol.

— Que voulez-vous? lui dit celui-ci avec la voix de Polichinelle lui-même, car il n'avait pas eu le temps de retirer sa pratique.

— Mais, dit Nodier, fort peu de chose, Monsieur. Surtout, ajouta-t-il en voyant qu'il portait sa main à sa bouche, ne dérangez rien, je vous prie : vous êtes justement ainsi en état de me répondre.

— Parlez donc, monsieur, dit encore la voix de Polichinelle?

— Eh bien ! expliquez-moi, s'il vous plaît, par quel procédé merveilleux vous pouvez obtenir ces sons qui me ravissent l'esprit, cette voix qui me va à l'âme.

— Rien n'est plus simple.

— Mais ne dérangez rien, dit Nodier, tremblant toujours de voir rompre le charme.

— Comme vous voudrez... Vous saurez donc, je le répète, que rien n'est plus simple ; je prends ma pratique, deux petits morceaux de fer-blanc collés l'un contre l'autre, je mets ça dans ma bouche, je parle, et tout est fait...

— Vraiment !

— C'est pas bien malin, n'est-ce pas? Eh, tenez, si vous voulez, en deux tours de langue, vous serez aussi savant que moi : essayons. »

Cette fois, il retira la pratique de sa bouche, et la présenta à Nodier, qui, malgré tout le respect qu'il portait au grand Guignol, ne put s'empêcher de l'essuyer du revers de sa manche avant de la mettre entre entre ses dents.

« Eh bien, vous y êtes à présent, monsieur, dit Guignol; donnez-vous seulement la peine de parler, et il n'y aura plus rien à vous apprendre.

— C'est merveilleux ! dit Nodier, et cette fois avec une voix de Polichinelle de la plus grande netteté. Seulement, ajouta-t-il, gardant toujours la *pratique*, ne pourrait-on pas, en parlant ainsi, et surtout en aspirant son haleine, avaler, ce qui serait dangereux, le petit morceau de fer-blanc.

— Ah! pour ça, rien n'est plus commun, mais rien n'est plus simple encore. C'est si délicat une pratique! ça passe par le gosier et l'estomac, ni plus ni moins facilement que si c'était un haricot ou un noyau de prune; et puis ça s'rend comme autre chose. En voulez-vous la preuve?

— Oui.

— Eh bien! la pratique que vous tenez là justement dans votre bouche, je l'ai déjà avalée trois fois!!! »

Quand nous avons dit que la révolution n'avait rien changé au boulevard du Temple, nous oubliions la métamorphose du *Théâtre des Grands Danseurs du Roi* en celui de *Théâtre d'Emulation*, titre prouvant toujours qu'on y allait de plus fort en plus fort, et enfin en celui de *Théâtre de la Gaîté*, nom consacré depuis ce temps-là et dont le mélodrame a fait un si gros contre sens; nous ne parlions pas non plus du *Théâtre des Associés*, qu'un décret de l'empire fit fermer et qui fit place au magnifique *Café d'Apollon*, Eldorado étincelant et chantant, remplacé lui-même par le *Théâtre de madame Saqui*. Quant à la décadence du *Jardin des Princes*, abandonné tout à fait, vers 1810, pour le *Jardin Turc*; quant à la ruine du *Wauxhall*, éclipsé par le *Tivoli d'Hiver*, c'étaient là de trop chétifs événements pour que nous vous en donnions le détail. Nous aimerons mieux vous transcrire ici les

meilleurs couplets de la chanson de Désaugiers :
Cadet Buteux au boulevard du Temple. Aussi bien,
ce nous sera une occasion de justifier, en les mettant à l'ombre de ce désopilant tableau, toutes les
joyeusetés un peu fortes que nous nous sommes
permises nous-mêmes.

AIR : *Faut d' la vertu pas trop n'en faut.*

La seul' promenad' qu'a du prix,
La seule dont je suis épris,
La seule où j' m'en donne, ousque j' vis,
C'est l'boulevard du Temple, à Paris.

Ce boul'vard est vraiment unique
Pour piquer la curiosité...
On y voit l'Ambigu-Comique,
Qu'est à côté de la Gaîté.

La seul' promenade qu'a du prix...

Y a le spectacle de mamzelle Rose,
Qui, sans jamais s'donner d'efforts,
Moyennant queuqu' sous, c' qu'est peu d'chose,
Fait tout ce que l'on veut d' son corps.

On y voit, sur un p'tit théâtre,
Un' fill' qui du pied brode, écrit...
Plus loin, la passion d' Cléopâtre
A côté d' cell' de Jésus-Christ.

L' café d'Apollon nous r'présente
Des pièc' où, pour doubler l'effet
C' n'est qu'à deux qu'on parle et qu'on chante.
Ah ! jarni ! queu *trio* ça fait !

L' café du Bosquet est tout contre :
Une espèce de p'tit salon
Où l'univers que l'on y montre
A trois pieds d' large et deux pieds d' long.

A droit', j' voyons l's Isabelles
Avec leurs Gill' se quereller;
A gauche, pour les yeux de leurs belles,
J' voyons les paillasses brûler.

L' café Turc est l' jardin des grâces...
Aussi vient-on après le r'pas
Y prend' café, liqueurs ou glaces,
Ou punch, ou... qu'est-c' qu'on n'y prend pas !

. . . .

D'*Curtius* voyez le factionnaire
Comme il regarde l' monde en d'ssous;
Si j' l'échauffons, dans sa colère,
Il est homme à fondre sur nous.

Qu'est-ce donc qu' j' ntends? C'est d' la musique.
V'là tous les dindons du quartier
Qui s' pressent, s' foulent; mais, bernique...
Ils ont beau faire, j' suis l' premier.

« D' mon Barbaro v'nez voir l'adresse.
» V'nez voir l'esprit d' mon p'tit ânon.
» V'nez voir mon lapin batt' la caisse.
» V'nez voir mon s'rin tirer l' canon. »

Mais, tandis qu' pour voir tant d' bamboches,
Je m' tords l' jarret, les yeux et l' cou,
Me v'là, quand j' fouillons dans mes poches,
Sans mouchoir, sans montre et sans l' sou.

Eh bien ! voilà donc, Désaugiers l'eût-il jamais pensé ? voilà des calembourgs de 1812 qui sont de l'histoire aujourd'hui. Que de choses changées en effet ! que de choses mortes au boulevard depuis cette chanson! Où est *Curtius*, maintenant? Où est le *Café d'Apollon* ? Où sont tant de joyeuses *parades*? Qu'est devenue la belle *limonadière* du *Café du Bos*-

quet, si vantée, tant de fois chansonnée et madrigalisée ?

Mais où sont les roses d'antan ?

Où sont le *Colysée*, le *Jardin d'Hébé*, le *Jardin des Princes ?* Que devient le *Jardin Turc* lui-même ? Il n'y a pas deux ans, M. de Balzac disait de lui : « Il est à la mode ce que les ruines de Thèbes sont à la civilisation. » Et comme si ces paroles eussent été un dernier arrêt de proscription, le voilà qui agonise sous la pioche des démolisseurs. Tous les entrepreneurs de ces jardins publics, arrivés pauvres, mais bientôt enrichis sur ce terrain devenu leur propriété, le cèdent maintenant à d'autres spéculateurs. Ils avaient su attirer, fixer, naturaliser la foule; ceux-ci vont la loger. L'*Ambigu* lui-même a changé de place; après l'incendie qui le détruisit en 1827, sur le boulevard du Temple, il s'est allé loger au boulevard Saint-Martin, dans cette belle salle où la foule l'a suivi. Et Séraphin, qu'est-il devenu ? Des deux théâtres qu'il avait fondés, l'un est mort au boulevard, l'autre agonise au Palais-Royal. Mais le *Cirque* lui-même, qui l'avait remplacé auprès de l'*Ambigu*, le *Cirque*, dont nous n'avons point parlé, parce qu'il vint trop tard s'établir au boulevard du Temple, après ses longs succès dans dans l'enclos des Capucines et dans la rue Monthabor, le *Cirque*, enfin, ce théâtre heureux trop longtemps pour avoir une longue histoire, eh bien ! le voilà détruit lui-même. Vieux conteur de toutes nos gloires, le voilà qui s'arrête parcequ'il a tout conté, parce que nous n'avons plus d'armées, plus de combats, plus de gloire militaire pour lui tailler la besogne, plus de nouveaux récits, plus de nouveaux succès. Mais ne croyez pas qu'avec toutes ces choses mortes la vie se soit retirée du boulevard du Temple ; non, car c'est encore là que bat et que battra longtemps le cœur du Paris populaire ; la foule y est toujours, mais c'est une foule plus intelligente et plus sérieuse. Il ne lui faut plus pour amusement des figures de cire, des parades et des marionnettes. Régénérée par une éducation nouvelle, elle demande des plaisirs où l'esprit et l'intelligence soient satisfaits avant les yeux, des plaisirs enfin plus dignes d'un grand peuple. Pour parler ainsi, tout nous est un présage, tout nous est une preuve ; nous en croyons l'heureux résultat de toutes les tentatives littéraires et artistiques essayées au boulevard ; nous en croyons le succès d'un théâtre nouvellement ouvert et persistant avec bonheur dans la réaction littéraire ; nous en croyons le poëte ingénieux qui, le 27 février dernier, jour de l'ouverture, prédisait sans crainte ce beau succès, tant il avait foi dans l'intelligence de l'active population qui s'agite aux abords du boulevard du Temple :

> Sans compter les voisins qu'un équipage amène,
> Une peuple ami des arts entoure ce domaine.
> Ce sauvage Marais, qu'un unique fanal
> Eclairait autrefois du Temple à l'Arsenal,
> Se relevant meurtri des coups du vaudeville,
> A son luxe bruyant comme une grande ville.
> Et nous n'entendrons plus sonner le couvre-feu
> A huit heures du soir devant le Cadran bleu.

Le canal Saint-Martin baigne une ville neuve ;
Dans le faubourg du Temple il a des airs de fleuve ;
Et demande un surcroît de ponts à chaque instant
Aux cris de Belleville et de Ménilmontant !

Nous venons de montrer dans cette courte histoire du boulevard du Temple combien furent heureux tous les entrepreneurs qui cherchèrent comme spéculateurs à procurer au peuple un plaisir nouveau, pourvu que ce plaisir fût en rapport avec ses mœurs et surtout avec ses goûts. Voyons maintenant si l'Opéra-Comique, transporté dans ce quartier populeux, a chance de succès.

La Musique est-elle aimée du peuple ? Peut-elle avoir de l'influence sur son organisation grossière ? Oui. Nous croyons à l'avenir de l'*Opéra-National*, à cause de sa tendance musicale sur la classe populeuse du quartier où il s'est établi. On dit que le peuple n'aime pas la musique ; nous répondrons à ces mécréants que ce n'est pas la musique qu'il n'aime pas, mais ce sont les airs que souvent on lui donne, alors même qu'on lui fait payer fort cher cette mauvaise musique. Toutes les fois que le peuple rencontre un morceau bien rhythmé, une mélodie facile, marchant régulièrement, son esprit le comprend ; les airs de *la Fiancée*, du *Chalet*, de *Mazaniello*, du *Shériff*, de *Gibby*, sont chantés dans tous les ateliers ; mais la romance de *Guido* ni celle de *l'Eclair* n'ont pu y avoir accès, parce que l'oreille est bien, il est vrai, charmée par le chant, mais le cœur n'est point ému ; les sauts de dixième, de septième, donnent à ces morceaux un ton froid, maniéré, prétentieux, ce qui les empêche de devenir populaires. Il y a des gens du métier qui se félicitent de ne pas être populaires ; ils ne songent pas qu'il y a deux popularités : la bonne et la mauvaise. Si l'on fait quelquefois un favorable accueil à de faibles ouvrages, il y a toujours une popularité immense pour les belles créations de l'art ; il n'est pas une œuvre du génie qui n'ait obtenu sa consécration populaire. D'ailleurs la musique pour le peuple n'est pas une chose nouvelle, l'opéra exécuté sur le boulevard du Temple ou sur les petits théâtres n'est pas une innovation ; c'est tout bonnement un retour vers un passé que le décret un peu brutal, daté de Saint-Cloud, en 1806, avait fait cesser. Voici la nomenclature fort curieuse des opéras nouveaux, que nous avons pu retrouver, joués sur les petits théâtres. Au théâtre des Elèves de l'Opéra, on a exécuté *l'Anti-Pygmalion ou l'Amour Prométhée*, musique de Rochefort ; *l'Amateur de musique*, par Raymond ; *Cydippe*, musique de Froment ; *Susette et Colin*, musique de Piccini ; *le Bon père*, musique de Cambini. Au théâtre Molière, *les Deux Crispins*, musique de Lemercier ; *le Diable couleur de rose*, par Gavaux ; *le Prisonnier en Prusse*, musique de Porta ; *le Gascon, Gascon malgré lui*, musique de Bianchi. Au théâtre de la Cité, *Midas au Parnasse*, musique de Dedieu ; *Édouard et Emilie*, musique de Monique ; *le Petit Orphée*, musique de Deshayes ; *le Tambourin de Provence*, musique de Scio. Au théâtre de Lazari, *les Brigands de la Vendée*, opéra en deux actes ; *l'Hospitalité ou le Bonheur du vieux père*, opéra-comique ; *la Cinquantaine infernale ou la Baleine avalée par Arlequin*, musique de Gebauër. Au Théâtre-National, *la Journée de Marathon*, musique de Kreutzer; *Wenzel ou le Magistrat du peuple*, musique de Ladurner. Au théâtre des Jeunes Artistes, *Vert-Vert*, musique de Gaultier; *la Fausse Apparence*, musique de Debuat; *Rien pour lui*, musique de Piccini fils. Au théâtre des Jeunes Élèves, *la Sœur officieuse*, musique de Bianchi; *les Illustres Infortunés*, musique de Bianchi; *les Deux Pupilles*, musique de Beaumefort; *l'Orpheline du hameau*, musique de R. Richard. A la Porte Saint-Martin, on représenta *Melzor et Zima*, musique de Lanusse. Au théâtre de la Gaîté, on donna *la Grotte de Trophonius*, musique de Salieri; *Ce qui vient de la flûte s'en retourne au tambour*, opéra en deux actes; *les Deux servantes rivales*, musique de Trajetta; *le Point d'honneur ou l'Empire des Grâces*, musique de Dreuil. Au théâtre des Associés, aujourd'hui les Funambules, *les Amours de Mathurin et Jeannette*; *Alexis et Colette*. Au théâtre des Petits Comédiens de bois du bois de Boulogne, *le Soldat français*, musique de Albaneze et Champein. Au théâtre du Boudoir des Muses, *le Mari complaisant*, musique de Henry. A l'Ambigu-Comique, Porta composa la musique des *Deux Statues*, de *la Baignoire*, et Marini celle de *Duval ou l'erreur de jeunesse*. Au Gymnase, *le Bramine*, musique de Piccini; *les Folies amoureuses*, arrangées par Castil-Blaze; *la Fée Urgel*; *la Belle Arsenne*. Le théâtre des Nouveautés, qui ne devait, d'après son privilége, jouer que des vaudevilles, ouvrit sa salle par *le Coureur de veures*, opéra en trois actes, musique de Blangini; le même compositeur fit encore exécuter sur cette scène *le Morceau d'ensemble*; *Figaro*; *l'Anneau de la Fiancée*. Il y a une foule d'autres opéras; mais comme ils n'ont point été imprimés ni gravés, il est fort difficile d'en retrouver des traces. Je ne parlerai pas du théâtre de l'Odéon, qui, grâce aux innombrables et consciencieux travaux de notre ami Castil-Blaze, fit connaître en France une foule de chefs-d'œuvre étrangers, et qui y popularisa les œuvres de Rossini. Je ne dirai rien non plus de la *Renaissance*, théâtre au titre ambitieux, qui, ayant voulu trop embrasser, ne put rien étreindre, rien régénérer; il y avait, toutefois, une grande pensée dans la création de cette scène nouvelle; mais les moyens et l'exécution ont manqué à cette pensée, et tout est resté à l'état de germe avorté. Ce théâtre, qui réunissait les genres lyrique, comique et dramatique, fut contraint de fermer sa porte, ayant usé drame, musique, acteurs et chanteurs; mais les spectateurs seuls manquèrent... Je me trompe, à ce théâtre il manquait encore quelque chose... Il y avait bien à la tête de l'administration un homme d'esprit, mais le directeur fit défaut..... l'esprit et la direction d'un théâtre font quelquefois mauvais ménage; voyez où l'esprit a conduit l'Académie Royale de Musique; l'esprit qui conçoit ne saurait suppléer à la tête qui dirige. Mais le *théâtre de la Renaissance* était condamné dès sa naissance; avec une sage et intelligente administration il eût pu peut-être marcher quelques pas encore; il devait finir cependant par crouler, comme le fera toute entreprise dramatique ou lyrique qui ira follement s'établir près des théâtres royaux, des théâtres subventionnés ; ce sera toujours vainement qu'elle tendra la main aux riches, qui préféreront avec raison les grands théâtres, parce qu'il est impossible qu'une entreprise non subventionnée puisse jouter avec eux pour le luxe, le mérite des acteurs. *La Renaissance* n'était possible que sur le boulevard du Temple ; elle a été aveugle ; elle espéra vainement dans la sympathie de la classe riche. L'Opéra-National a profité de cette école ; il vient s'établir chez le peuple ; il dit à l'ouvrier, à l'artisan : Je vous apporte ces airs, ces refrains que vous aimez ; je viens vous en enseigner de nouveaux ; je compte sur votre appui... Il est sûr de réussir, car le peuple n'est pas ingrat, il sait reconnaître ce que l'on fait pour lui.

Le peuple apprécie la musique mieux que personne ; elle est sa seule voix ; il n'unit ses mille cris et ne leur donne une forme saisissable que sous l'accord harmonique ; hors de là, ses accents se perdent dans la confusion et le tumulte : aussi, lorsque le peuple essaye de parler, il chante. Sa colère comme sa joie, ses désirs ainsi que ses craintes, ses louanges ou ses sarcasmes, il les exprime en chantant. Pauvre esclave auquel on interdit la parole, il fredonne sa pensée ; sous Mazarin, sous la Fronde, sous l'Empire, sous la Restauration, il chante, et sous l'égide de sa chanson les paroles volent de bouche en bouche ; enfin il chante ce qu'il n'ose dire. Ses chants sont souvent grossiers, mais ils se ressentent toujours de cet esprit français dont le peuple seul conserve l'inaltérable empreinte. Le maëstro Carissimi, que Henri III avait fait venir de Venise, avait tort de jeter son anathème sur ce pauvre peuple qui, se gaudissant, avait fait fi de ce digne compositeur dont il n'avait pu comprendre la musique nouvelle à laquelle ses oreilles étaient mal habituées. Le peuple ne connaît que les chansons, il n'a pas de *Coin du roi* et de *Coin de la reine*; il n'est ni gluckiste ni picciniste, il est encore français, et musicien par instinct. Il ne se dépouillera que trop tôt des langes qui entourent son enfance musicale : porté aux extrêmes, il donnera, gardez-vous d'en douter, dans toutes les aberrations, dans toutes les exagérations de la musique nouvelle, car jadis le simple récit de *Paul et Virginie* le faisait pleurer; aujourd'hui, il faut pour l'émouvoir toutes les péripéties du poison, de l'échafaud. Mais le peuple n'est pas blasé en fait de musique comme en drame; il est encore passionné pour notre vieille musique française, qui, obligée de reculer devant la musique italienne, s'exhale en modulations inarticulées, soupire languissamment la *romance*, mais ne peut faire davantage; le peuple, si plein de gaîté, si plein de sentiment, s'enthousiasme cependant de la mélancolie de ces plaintes et de ces tristes soupirs. La romance règne donc sur le peuple en souveraine absolue. La romance a une couleur triste parce que la musique, n'ayant de prise que sur les facultés exclusivement impressionnables de l'homme, se trouve, par les conditions mêmes de sa nature, contemplative et rêveuse. Le sentiment lui fait un voile de sereine tristesse; elle respire, se meut dans les calmes régions de la mélancolie; hors de là, elle ne trouve que l'idée qu'elle est souvent impuissante à formuler et l'action qu'elle ne saurait déterminer. Cependant la romance, ce dernier rejeton de la musique française verra bientôt cesser son règne; déjà elle a changé d'allure pour faire place à quelque chose de moins naïf, de plus travaillé; produit bâtard de la musique allemande et de la musique italienne, ce morceau n'a pas de nom, et il ne se présente dans le monde que sous le nom de *mélodie*. Il ne restera bientôt plus rien de la musique française, car l'art n'a pas de frontières, et les nations tendant chaque jour à se confondre, on finira par n'avoir qu'une seule et même musique. Lorsque les peuples ont senti le besoin de se rapprocher, ils ont choisi la musique pour premier gage d'alliance. La musique est donc la langue universelle, comprise de tous sans étude et sans traduction, langue si naturelle que tous ont essayé de la parler; si simple et si accessible qu'elle prend les mots dans la nature, qui résonne et reçoit son expression du cœur, interprète infaillible. Espérons cependant que l'Opéra-National résistera longtemps à cet envahissement et qu'il saura nous conserver autant que possible notre franc couplet et notre tendre romance. Espérons aussi que, puisque l'éclat des récitatifs et l'exagération toujours croissante de l'harmonie chassent de l'Académie Royale de Musique et de l'Opéra-Comique la mélodie française, elle retrouvera un refuge assuré sur le boulevard du *Crime*, et qu'elle y viendra calmer les agitations causées par nos dramaturges de la nouvelle école. La musique n'est-elle pas de tous les arts celui qui a le plus d'action immédiate et communicative sur l'homme, et qui a sur lui le plus d'influence morale ?

Jusqu'à présent l'influence de la musique n'a été qu'effleurée par les nombreux écrivains qui s'en sont occupés. Ils ont tous rapporté des faits plus ou moins extraordinaires ; mais là s'est borné leur travail, et aucun d'eux n'a cherché les causes véritables de cette influence de la musique sur l'homme ; causes qu'il importe essentiellement de constater pour pouvoir, avec quelque certitude, appeler, dans certains cas, la musique en aide à la morale.

La musique est l'art de disposer et de conduire les sons de telle sorte que de leur consonnance, de leur succession et de leur durée relative, il résulte une sensation plus ou moins agréable. La musique a donc pour objet les sons, considérés comme agissant sur l'organe de l'ouïe par leur gravité ou leur acuité, leur force, leur timbre et leur durée. La musique comprend trois parties bien distinctes : la première consistant dans la succession des sons plus ou moins graves ou plus ou moins aigus, c'est la *mélodie ;* dans l'assemblage de plusieurs sons qui doivent exister en même temps : voilà l'*harmonie ;* dans la détermination de la durée respective et de la durée réelle des sons ou silence : c'est ce qu'on nomme *mesure* ou *rhythme.* Cette première partie de la musique est l'art du compositeur ; l'autre partie est consacrée à la production des sons soit avec la voix, soit avec les instruments, en se conformant à l'intention du compositeur : c'est l'art du chanteur, du symphoniste. Pythagore et Platon disaient que tout est musique dans l'univers ; Hermès définit la musique l'ordre de toute chose.

La musique plaît non pas parce qu'elle est imitative, mais parce que certains airs mélodieux et harmonieux sont propres à exciter certaines passions, certaines affections dans notre âme. Cherchons quelle est la nature de cette propriété, et tâchons, par la connaissance des principes de la constitution humaine, d'expliquer la cause de ces plaisirs que la musique procure aux hommes. On distingue ordinairement le sens de l'ouïe, de cette faculté à l'aide de laquelle on reçoit du plaisir de la musique, et que l'on appelle communément une oreille musicienne. Entendre de la musique et avoir du goût pour la musique sont deux choses différentes.

Une partie du plaisir que nous font l'harmonie et la mélodie vient de la nature des sons dont elles sont formées. Certains sons inarticulés, surtout quand ils sont soutenus, font une impression agréable sur l'âme. Ils semblent l'enlever aux plus pressants intérêts de la vie, et sans lui causer la moindre agitation, la pénétrer d'un torrent de ces idées touchantes qui bercent et assoupissent quelquefois ses facultés ; d'autres fois, aiguillonnent sa sensibilité et excitent l'imagination ; et il n'est pas tout à fait absurde de supposer qu'elles puissent affecter le corps mécaniquement. Si dans une église on sent trembler le parquet et les bancs à certains tons de l'orgue, si de deux cordes semblables, l'une rend le même son que celle qui est pincée, si une personne qui éternue ou qui chante près d'un piano entend les cordes de l'instrument murmurer les même tons, il n'y a rien d'étonnant que les fibres les plus sensibles du corps humain éprouvent un frémissement quand elles se trouvent à l'unisson des sons produits par les objets extérieurs. Il y a des instruments de peu d'expression qui tirent des larmes des personnes qui n'ont ni goût pour la musique ni aucune connaissance de l'art. Un homme, en Angleterre, éprouvait des accès de fièvre chaque fois qu'il entendait résonner une *harpe éolienne*, ce qui prouve évidemment que certains sons exercent une influence mécanique sur certaines parties du corps. Ainsi donc, il est prouvé également que l'âme peut être affectée d'une manière quelconque par de simples sons qui ne présentent ni sens ni modulation, non-seulement par les instruments, mais encore par le murmure des vents, par le gazouillement des oiseaux, par le bruit des cascades, par les cris de la multitude, etc., etc.

> Quæ tibi, quæ tali reddam pro carmine dona ?
> Nam neque me tantum venientis sibilus austri,
> Me percussa juvant luctu tam littera, me quæ
> Saxosas inter decurrunt flumina valles. (Virg., *Æn.* v.)

De tous les sons, celui qui va le plus directement à l'âme, c'est la voix humaine, et tous les instruments qui l'imitent le mieux sont aussi d'une expression plus touchante. Dans les tons qui résonnent ensemble, les uns produisent un effet agréable et les autres un effet contraire ; les premiers sont concordants et les autres discordants. Lorsque plusieurs tons, d'accord entre eux, frappent l'air simultanément, l'effet est agréable ; il est désagréable quand ils se repoussent mutuellement. Ces consonnances ne sont pas également parfaites, ni ces dissonnances également repoussantes, et conséquemment les unes ne sont pas également flatteuses ni les autres également choquantes. Le même accord peut être plus ou moins agréable suivant sa position, et les accords les plus touchants produisent souvent un meilleur effet quand ils sont amenés par des accords plus durs et même par des dissonnances, car alors ils sont d'autant plus agréables, qu'ils procurent un plus grand soulagement à l'oreille.

L'expression est le principale mérite de toute musique. Sans l'expression elle peut remuer l'âme légèrement, distraire un moment l'attention des inquiétudes de la vie, procurer un plaisir passager, mais elle n'agit pas sur nos affections, elle ne produira jamais ce plaisir permanent, ce plaisir profitable et profond qu'on en attend.

Montesquieu, l'un des premiers philosophes modernes, ne donne-t-il pas la préférence à la musique sur tous les autres plaisirs, comme celui qui corrompt moins l'âme.

Le fils de *Sirach* déclare que les anciens poëtes et musiciens méritent les honneurs et le rang accordés aux bienfaiteurs de l'humanité.

Nous attachons communément à un air favori, lors même qu'il n'est pas accompagné de paroles, certaines idées qui peuvent y être relatives, à cause de quelques associations accidentelles, et nous supposons quelquefois une ressemblance presque toujours imaginaire entre certaines mélodies et certaines pensées ou certains objets : ainsi un habitant des Pyrénées peut penser qu'il y a une sorte de similitude entre l'air : *Du haut de la montagne, un pastou malhourou* et les sites de son pays ; cet air lui rappelle des idées d'amour, de solitude champêtre : un étranger y sera insensible.

La musique instrumentale réveille la sensibilité et la dirige, c'est-à-dire qu'elle prépare les affections de l'âme et les porte sur un objet plutôt que sur un autre ; à la mélancolie plutôt qu'à la gaieté, au repos plutôt qu'au mouvement, au recueillement plutôt qu'à la dissipation. Il y a aussi certains airs qui, ayant toujours été attachés à certaines actions, disposent naturellement les hommes à ces mêmes actions, par la seule force de l'habitude ; tels sont communément les airs de danse.

Mais la poésie est l'interprète immédiate de la musique ; sans le secours des paroles, le meilleur morceau de musique peut bien paraître signifier quelque chose, mais il est difficile de dire ce qu'il signifie. Il peut disposer le cœur à la sensibilité, mais c'est la poésie ou les paroles qui attachent cette sensibilité a un objet réel, en présentant à notre imagination des idées positives. Par la seule musique instrumentale nous pouvons être attristés ou réjouis, mais toujours imparfaitement, parce que nous ignorons pourquoi. Aussi nous fondons beaucoup d'avenir sur l'*Opéra-National*, qui réunira la musique à la poésie.

La plus grande partie de la musique moderne semble faite pour flatter ou pour étonner l'auditeur plutôt que pour lui inspirer des émotions graves; il y a loin de là aux simples accords des Bertons, des Lesueur, des Montigny.

La musique est plus ou moins parfaite en proportion du plus ou du moins d'influence qu'elle exerce sur le cœur. Soit dans l'art, soit dans la nature, tout ce qui communique à l'âme des mouvements agréables doit être agréable; et puisque toutes les affections que la musique peut exercer sont de ce genre, il suit que toute musique pathétique et expansive doit être agréable.

La musique, comme toute émanation de Dieu, n'inspire que les passions nobles; elle peut échauffer la dévotion, le courage, la bienveillance, la pitié; elle peut rendre la paix à l'âme, lui communiquer une douce mélancolie, qui affecte le cœur sans le peiner, ou le frapper d'une horreur sublime, qui étonne, transporte, exalte en même temps l'imagination; mais la musique n'a point d'expression pour la lâcheté, pour l'impiété, pour la cruauté, pour la haine; car, ne combinant que des sons flatteurs, il lui serait difficile de faire naître des affections criminelles. Milton était si persuadé de l'expression musicale, qu'il lui attribue le pouvoir d'exciter des mouvements louables dans les diables eux-mêmes.

Pour plaire au peuple, la musique doit être simple. La simplicité lui donne la clarté et l'expression ; sans elle la musique ne saurait plaire.

La musique inspire justement ce qu'elle exprime ; mais comme on n'exprime bien que ce que l'on sent, il est aisé de voir que la sensibilité dispose au goût de la musique, et que réciproquement l'audition de la musique développe presque toujours la sensibilité. Lycurgue, bannissant les gens de loi et les sophistes de Lacédémone, comme cultivant des sciences superflues, y conserva les musiciens, parce qu'il reconnaissait l'empire de leur art sur les passions humaines. Polybe attribuait la différence extrême qui se trouvait entre deux peuples de l'Arcadie, l'un infiniment doux, humain et bienfaisant, et l'autre extrêmement féroce, à ce que le premier cultivait la musique avec soin, tandis qu'elle était absolument négligée par l'autre.

Le plus puissant moteur de l'économie animale, c'est la musique ; elle exerce un empire très-marqué sur les passions ; elle les flatte, les modifie à son gré ; elle apaise le plus féroce, rend courageux le plus timide, et arrache des larmes au plus cruel. Le peintre Théon (*Ælien, liv.* II) sut profiter de ce pouvoir de la musique : voulant exposer un de ses tableaux où il avait représenté un guerrirer prêt à fondre sur l'ennemi, il rassembla quelques musiciens, fit jouer un air martial, et quand il crut les spectateurs suffisamment émus par la musique, il découvrit son tableau, qui fut alors admiré de toute l'assemblée. Voilà l'origine de l'ouverture ou de l'introduction musicale précédant toute œuvre lyrique.

Une double propriété de la musique, c'est celle d'exercer un double pouvoir sur les peuples les plus civilisés comme sur les plus barbares. Elle flatte agréablement les sens, et pour la goûter il ne faut avoir que cette sensibilité d'oreille susceptible du plus ou du moins de perfection et de délicatesse, qualité qui n'est refusée qu'à un petit nombre d'êtres malheureusement organisés.

Les Athéniens furent entraînés à la conquête de l'île de Salamine par les chants de Solon, malgré le décret qui condamnait celui qui oserait proposer la conquête de cette île.

. Les nations intellligentes et savantes, dit Quintilien (*liv.* I), en cultivant la musique, habituent leur esprit à la réflexion et à l'étude. Tous les peuples sont tributaires de la musique : les Persans, les Turcs, les Chinois mêmes en sont idolâtres. L'Égypte a eu son Mercure, son Trismégiste, qui, par la douceur de ses chants, acheva la civilisation des hommes (*Horace*). La Grèce eut son Orphée (*Virg.*) et son Amphion (*Horace*). Les Chinois ont eu leur Lyng-lun, leur Kouei et leur Pin-mou-kia, musiciens philosophes qui pouvaient apprivoiser les bêtes féroces et adoucir les mœurs des hommes, souvent plus cruels que les animaux sauvages. « Veut-on savoir si un royaume est bien gouverné, » dit le célèbre Kouei, et si les mœurs de ceux qui » l'habitent sont bonnes ou mauvaises ? qu'on exa- » mine la musique qui y a cours. »

La puissance de la musique sur l'homme,

que les anciens avaient peut-être exagérée, n'en est pas moins réelle. L'agrandissement de la sphère de nos connaissances, la tournure philosophique imprimée aux esprits par la culture des sciences exactes, tout parmi nous a cherché à dépouiller la musique du pouvoir que lui prêtaient les anciens; mais ce serait une grande erreur que de nier cette puissance, et de ne voir dans les effets de la musique sur notre imagination que des sensations factices. L'observateur reconnaît dans la musique des propriétés qui lui donnent un pouvoir réel sur l'homme, quel que soit son état physique ou moral, quel que soit le climat qu'il habite, quelles que soient ses mœurs et sa civilisation. Partout le chant est associé à l'hommage que rend l'homme à la Divinité. L'homme riche s'endort aux douces modulations des voix et des instruments; l'homme d'état se délasse de ses occupations sérieuses, le savant de ses études profondes, par la musique; l'artisan, le villageois, le sauvage chantent l'amour, la victoire ou la paix; le voyageur, la nuit, seul au milieu des forêts, chante afin d'ôter de son esprit les idées qui pourraient l'effrayer dans le profond silence qui règne autour de lui; le captif dans les fers, l'exilé dans sa retraite, le prisonnier dans son cachot, le laboureur en traçant ses sillons, le forgeron en frappant son enclume, tous trouvent dans leurs travaux, dans leurs peines un soulagement en répétant des airs qui rendent à leurs âmes une nouvelle force. Ainsi, la musique accompagne l'homme dans toutes les situations de sa vie, et l'on peut dire que partout elle est l'agent le plus actif, le plus fécond, le plus puissant, le plus général du plaisir. Il est à remarquer aussi que la langue musicale est universelle ; son alphabet se compose de sept notes, qui sont les mêmes chez l'Italien comme chez le Lapon, chez le nègre de Guinée comme chez le sauvage américain.

La musique détourne l'âme des sensations qui l'affectent, dit un auteur anglais, comme un bain de pieds détourne une douleur de tête (Johan Stévenson) ; elle chasse les mauvaises idées et détourne des mauvais penchants, en rendant à nos esprits le calme dont ils ont besoin. Clytemnestre ne put se rendre adultère tant que le musicien Démodocus lui inspira, par une harmonie grave et sérieuse, la fidélité qu'elle devait à Agamemnon. Ulysse confia Pénélope aux soins de Phémius, qui, par les sons de sa lyre, détourna celle-ci de la fougue de ses passions.

Tous les peuples ont leurs chants particuliers, soit de paix, soit de guerre ou de triomphe : les Hurons, les Madecasses, les Caraïbes, les Cannibales, les Moldaves, les Valaques, les habitants de la Sibérie, ces peuples dont la musique est ennuyeuse, monotone pour les oreilles d'un étranger, ne peuvent entendre le son d'un triangle, d'un tambourin, sans battre des pieds, frapper des mains, et montrer le plaisir qu'ils éprouvent par des sauts.

La musique peut exciter le courage, centupler les forces de l'homme ; ses effets, sous ce rapport, sont si extraordinaires, qu'on les croirait impossibles, si chaque jour on n'en avait devant les yeux des preuves frappantes. Cyrus, roi des Perses, fit chanter l'hymne de Castor et Pollux pour rassurer ses soldats effrayés des mugissements de leurs ennemis; les Israélites s'avançaient aux combats au son des instruments, et des chanteurs marchaient à la tête des bataillons. Les Lacédémoniens fondaient sur l'ennemi au son de la flûte, les Crétois au son de la lyre. Autrefois on reconnaissait le vrai soldat à ce qu'il marchait en mesure, et l'on chassait comme lâche celui qui n'allait pas affronter la mort d'un pas égal : *Nam cùm pes non responderet ad modulos tibiarum, prodebatur ignavorum imbecillitas.* Athénée rapporte qu'au siége d'Argos par Démétrius Poliorcète, les soldats ne pouvant approcher de la muraille une énorme machine destinée à l'attaque, Hérodote de Mégare, homme très-robuste, qui jouait de deux trompettes à la fois par un seul souffle, ayant sonné avec un grand bruit, parvint à communiquer une vigueur telle aux soldats, qu'ils ébranlèrent la machine et la portèrent au lieu convenable. Le maréchal de Saxe et tous les tacticiens ont observé que le soldat est plus allègre et plus leste lorsqu'il marche au son du tambour ou de la musique.

La musique sait calmer la peur, la crainte, l'effroi, l'inquiétude, et en général tout ce qui peut vivement nous affecter. Une douce harmonie vient occuper l'esprit et le délivrer des idées sombres et de la tristesse. Riccimer, roi des Vandales, ayant perdu une grande bataille contre Bélisaire, fut contraint de se sauver dans les montagnes, où il fut investi ; livré à toute l'inquiétude de son sort, sans consolation, assiégé sur le mont Papoue, il demande, pour toute grâce à ses ennemis, un pain pour l'empêcher de mourir, une éponge pour essuyer ses larmes, et un *instrument de musique* pour le consoler (*Procop.*). Elisabeth, reine d'Angleterre, étant sur le point de mourir, assembla près de son lit des musiciens, afin, disait-elle, de pouvoir mourir aussi gaîment qu'elle avait vécu ; elle rendit le dernier soupir au son d'une douce musique. L'empereur Léopold, sentant sa fin approcher, après avoir reçu les sacrements et mis ordre à toutes choses, fit venir sa musique et mourut en l'écoutant, le 5 mai 1705 (*Mém. du duc de Saint-Simon*). Mirabeau mourant demanda à s'environner de musique, afin d'entrer agréablement dans ce sommeil dont on ne se réveille pas.

La musique, dit Galien, est très-propre à tempérer et à calmer les fureurs causées par l'ivresse à la fin des grands repas, et les premiers sons, ajoute-t-il, rendent le calme à tous les convives. Homère et Plutarque nous apprennent que les anciens avaient coutume de chanter à la fin des repas pour dissiper et tempérer la force du vin ; nous avons vu nos pères pratiquer cette ancienne coutume, sans se douter peut-être de son but originaire.

On trouve en se livrant à l'exercice de la musique un délassement qui distrait des travaux trop arides ; le célèbre Lagrange a dû la solution de plusieurs problèmes extrêmement difficiles à l'état d'extase où le plongeait un concert.

Le rhythme semble avoir été le premier moyen dont on se soit servi dans l'enfance de l'art musical pour rendre agréable à l'oreille une succession de sons qui, par elle-même, n'était qu'insignifiante : ainsi la marche battue par les tambours n'est pas désagréable, et le bruit de ces instruments serait insupportable sans le rhythme. La seule différence des coups rhythmiques rend plus facile le mouvement des pas et détermine leur degré de vitesse ou de lenteur; c'est le rhythme qui dirige et soutient le soldat durant ses longues et pénibles marches. Est-il bien fatigué? la colonne traîne-t-elle? le chef fait battre les tambours... le soldat reprend instantanément son allure régulière et se sent pour ainsi dire soulagé. On ne peut donc révoquer en doute la puissance du rhythme ; tous les peuples demi-sauvages et demi-civilisés, voulant rendre leur musique primitive, composée de sons simples et de bruit, plus variée et plus agréable, n'ont pas apporté de modification à ces sons, ils ont seulement appelé le rhythme à leur aide, et leurs instruments à percussion devinrent, grâce au rhythme, moins fatigants et moins ennuyeux. Les Grecs à l'époque de leur plus haute civilisation, attribuaient au rhythme une grande puissance esthétique, et ils le considéraient comme la partie la plus sublime de la musique. Il est senti par tout le monde. L'ordre et la proportion plaisent toujours; il n'est donc pas étonnant que l'esprit humain soit agréablement affecté par le rhythme de la musique.

Comme chacun perçoit aux sons des instruments

une sensation différente ; que telle personne est vivement affectée par certains airs qui pour d'autres sont à peine sensibles, et comme la sensation se perçoit depuis le plus léger frémissement jusques aux secousses les plus violentes et même jusques aux convulsions, il faut, en employant la musique, observer les effets du rhythme joints à ceux qui résultent de la nature du timbre. Une musique tendre énerve l'homme et le porte souvent à la mélancolie. Une musique vive, au contraire, bruyante, augmente sensiblement l'activité de la circulation ; les yeux sont plus brillants, la face se colore ; tout l'organisme éprouve un frémissement involontaire, et le pouls des personnes qui sont sujettes aux intermittences prend une régularité bien marquée. On remarque même que les fonctions se font avec plus d'activité pendant l'excitation produite par la musique : à Rome, on est dans l'usage de jouer sur l'orgue différents morceaux de la plus belle musique pendant le repas des malades.

Nous ne citerons pas des faits particuliers pour prouver la puissance du rhythme, nous nous contenterons de rappeler aux lecteurs qu'à l'aide de ce puissant agent musical, les plus grandes marches sont exécutées, les plus grands poids sont soulevés. C'était aux coups rhythmiques du sistre que les prêtres égyptiens s'inspiraient. Le bruit cadencé du tambourin présidait aux diverses fêtes païennes de Saturne et de Bacchus. A bord des vaisseaux, les matelots parviennent à soulever l'ancre la plus lourde, le mât le plus épais, en régularisant leurs mouvements par un chant bien rhythmé; et les manœuvres de force faites par les troupes de l'artillerie ne sont exécutées qu'au bruit rhythmique du tambour. Grétry, qui avait une poitrine délicate et qui se sentait fatigué dès qu'à la promenade il accélérait le pas, avait coutume, quand son compagnon marchait trop vite, de chanter un air plus lent, et il parvenait ainsi, sans lui rien dire, à ralentir son mouvement. Les exercices de la gymnastique sont presque toujours exécutés aux sons cadencés des instruments; les danses les plus périlleuses sur la corde ne sauraient avoir de sûreté pour ceux qui les exécutent sans l'intervention d'une musique très-rhythmée. Les cris des rues ne seraient pas supportables s'ils n'étaient pas rhythmés; si vous avez quelquefois fait attention au cri des laitières, vous aurez remarqué sans doute qu'elles donnent sans effort le *contre la*, cette note si haute, si aiguë, à laquelle un très-petit nombre de femmes artistes peuvent atteindre. Il n'y a que le rhythme qui puisse faire supporter la monotonie du chant du porteur d'eau, dépourvu de toute mélodie. Les marchands d'habits poussent des cris non rhythmés, et comme ils y emploient toute la force de leur voix afin d'être entendus des derniers étages des maisons, ils déchirent notre tympan, et eux-mêmes usent promptement leur gosier à cet exercice sauvage. Le cri des ramoneurs, quoique très-aigu, est beaucoup moins désagréable, parce qu'il se compose de modulations très-chantantes qui se forment dans la bouche et les fosses nasales; la poitrine chez eux fait très-peu d'efforts. La marchande de plaisir a une phrase musicale notée très-mélodieusement, et si la marchande a la voix juste, vous l'entendrez avec plaisir.

Sans rhythme, quelles que soient les qualités du son, on ne remplit point la condition rigoureuse et caractéristique de la musique, celle de produire une impression agréable sur le sens de l'ouïe. Sans le rhythme, il n'existe pas de musique; et ce qui en reçoit alors le nom n'est plus que du bruit ou simplement une succession de sons que souvent ceux qui ont écrit sur la musique ont mal à propos confondue avec elle.

Le rhythme musical d'un morceau agit spécialement sur nos organes par l'entremise de l'ouïe. Voici à ce sujet une anecdote qui pourrait passer pour fabuleuse si elle n'appartenait aux temps modernes. Les moines de l'inquisition, dans une petite ville d'Espagne, avaient, dit-on, accusé d'impiété des danseurs et des danseuses qui amusaient le public par la danse appelée la *cachucha*. Ces malheureux furent arrêtés et conduits au tribunal du saint-office pour y être jugés; ils se défendirent comme ils purent, et supplièrent le tribunal de vouloir bien leur permettre d'exécuter devant eux cette danse, qu'ils soutenaient être une chose fort naturelle et fort innocente. La demande parut juste, elle fut octroyée; peut-être la curiosité eut-elle autant de part à cette faveur que l'équité. Deux guitares sonores préludent, et les danseurs dégagés de leurs liens commencent le bal; ils s'y livrent avec une vive ardeur; les musiciens redou blent de zèle pour donner à l'air de danse l'expression voluptueuse qui caractérise ce pas. Le sentiment qu'éprouvaient les exécutants est insensiblement partagé par les révérends pères; on les voit s'agiter vivement; peu à peu ils sont enlevés de leurs siéges par le pouvoir pour ainsi dire électrique du rhythme, et bientôt les voilà qui dansent avec les accusés. Il est inutile de dire que ceux-ci furent mis en liberté.

Les preuves qui attestent le pouvoir du rhythme sur notre organisation et sur nos facultés morales sont si multipliées, que l'on est embarrassé dans le choix des exemples. Voyez cet enfant, soit qu'il souffre, soit qu'une autre circonstance le tienne éveillé, il s'endort au chant fortement cadencé de sa nourrice; il ne résiste pas au pouvoir du rhythme, la lenteur du mouvement semble le bercer.

Les nègres sortent-ils d'être déchirés sous les fouets des *commandeurs*, le son rhythmé du tam-tam les fait tressaillir de plaisir; une chanson monotone, mais bien cadencée, les amuse pendant toute une journée et elle les empêche de s'apercevoir de la fatigue. Le rhythme du chant les soulage de leurs travaux: un moment de plaisir les dédommage d'une année de souffrance. En général, le mouvement musical régularise les mouvements des membres et en diminue la fatigue.

Dans tous les airs consacrés au travail commun, destinés à devenir populaires, le rhythme doit être fortement prononcé; le mouvement musical qui règle celui des bras est toujours précis. Un pasteur protestant se trouvant scandalisé d'entendre des forgerons, ses voisins, battre l'enclume aux sons de la chanson tant soit peu grivoise :

Viens avec moi, Robinette,

fut trouver le maître de la forge, et l'engagea au nom de son salut à substituer à cette mélodie par trop mondaine un psaume de l'Écriture. Celui-ci, voulant être agréable à son pasteur, commença sur-le-champ cette réforme ; mais il fut obligé bientôt après de reprendre son premier chant, car l'ouvrage n'allait plus ; les marteaux ne tombaient plus régulièrement, leur mouvement était trop lent, les bras se fatiguaient doublement, et le fer était froid avant d'avoir acquis la *façon* désirée.

Ce qui me rassure sur l'avenir de l'Opéra-National, c'est la tendance bien déterminée de la musique à devenir de plus en plus populaire. Ce n'est plus seulement des temples et des autels qu'il faut à son culte, c'est maintenant dans chaque maison de la bourgeoisie et jusque dans la demeure du pauvre qu'elle va chercher des hommages. Elle envahit tous les salons ; elle se glisse dans toutes les habitations ; elle fait la base ou le complément de toutes les récréations ; elle occupe enfin une place importante dans l'éducation de la jeunesse.

En effet, c'est dans l'harmonie que l'âme, fatiguée des travaux de la journée, a besoin de se retremper pour faire face aux travaux du lendemain ; c'est dans le charme saisissant d'une exécution musicale que l'esprit oublie ses calculs, et qu'il endort son activité, pour laisser au corps, reposé par ce bain de mélodie, le suave engourdissement qui répare ses forces et double sa vitalité.

Mon opinion est que la haute influence de la musique sur les masses est d'un immense intérêt pour l'amélioration des mœurs populaires, et qu'il est, par conséquent, du devoir de l'administration publique de favoriser de semblables dispositions, et qu'elle a bien fait de créer un théâtre lyrique pour le peuple, où il entendra enfin de la musique bien exécutée. Mais comme cette doctrine a été depuis quelque temps l'objet d'une controverse qui ne manque que d'ensemble et d'un champ clos pour devenir sérieuse, il ne sera pas sans intérêt d'examiner ici les conséquences que les deux partis opposés tirent de la vulgarisation musicale, ses effets immédiats, ses résultats probables.

Nous empruntons à un de nos amis, M. Stephen de la Madeleine, quelques idées émises, il y a près de dix ans, sur ce sujet : Ceux qui applaudissent, dit-il, au goût que montre le peuple pour la musique, et qui exaltent l'heureuse influence de l'art dans les classes inférieures de la société, me paraissent trop préoccupés du fait accompli pour juger sainement des moyens qui ont amené ce fait, dont les conséquences sont loin d'être parfaites. La musique, telle que nous l'entendons partout ailleurs que dans l'enceinte où retentissent les accords de Rossini, de Meyerbeer et d'Auber, avec la pureté d'une exécution convenable, est loin d'offrir les conditions nécessaires pour opérer sur les masses les salutaires effets que nous avons dépeints plus haut.

Il faut bien en convenir, la musique, en même temps qu'elle pénètre plus avant dans les mœurs et dans les habitudes plébéiennes, perd chaque jour de son pouvoir et se dépouille de son caractère de noblesse ou d'élégance pour se prêter aux ignobles vues des industriels qui se font directeurs de petits spectacles ou de concerts : la musique pour eux n'est plus un art, c'est un métier.

Pour satisfaire à l'avidité de ces gagneurs d'argent, et pour flatter le goût peu exercé du public au lieu de l'éclairer, un genre nouveau a été créé, dont le succès (je le dis à la honte de notre époque) rivalise avec le drame et la symphonie : c'est la contredanse. On écoute à présent un quadrille de Musard et de Jullien avec l'attention bienveillante qu'on n'accorde plus aux productions d'Haydn et de Mozart, les Rubens et les Raphaël de la musique. Mais en même temps que nos concerts au rabais se sont enrichis de ce genre bâtard, le type vénérable de tous les genres de musique disparaît au milieu de l'insouciance des artistes eux-mêmes : la musique religieuse, que le génie de Lesueur et de Chérubini avait portée si haut de nos temps, est tombée dans un oubli profond.

Et vous parlez des effets de la musique sur une population tout entière, quand la plus noble, la plus sainte de ses attributions, celle de disposer l'âme à la prière et à la méditation, lui est arrachée ! Vous voulez que la science des accords adoucisse les mœurs du prolétaire, le délasse de ses fatigues, élève son esprit, développe ses sentiments tendres, et pour cela vous lui imposez le luxe de l'Académie royale de Musique, vous lui vendez à grands frais des émotions factices, tandis que dans les églises, la douce exaltation qui naît du charme de la mélodie, jointe à la sainteté du lieu, lui remplit le cœur de sensations délicieuses qui toutes correspondent avec un progrès vers le bien. »

Quelques moralistes, dont on ne conteste point la haute capacité, prétendent que l'influence de la musique, considérée dans ses rapports avec l'éducation, est plus nuisible qu'utile, dans ce sens que si elle adoucit les mœurs, elle énerve en même temps le caractère, développe jusqu'à l'excès les sentiments tendres, éveille les passions assoupies dans les âmes adolescentes, et inspire le désir de briller, désir toujours dangereux pour le premier âge, pour les jeunes filles surtout, et qui les conduit par des transitions imperceptibles à la coquetterie, *et cætera*.

Ces inconvénients-là sont fort sérieux sans doute, on ne saurait en dissimuler l'importance ; mais l'objection qui les pose comme inévitables est plus spécieuse que solide.

En effet, qu'on nous cite une seule institution humaine qui n'ait point ses abus, une seule qualité qui ne puisse être transformée en un déplorable défaut, si elle est poussée jusqu'à l'excès. L'influence de la musique, comme toutes les autres choses bonnes en elles-mêmes, ne saurait échapper à ce caractère d'imperfection générale, mais elle ne l'admet pas plus particulièrement qu'aucune autre bonne chose.

« La musique énerve le caractère. » Oui, sans

doute, si on la pratique incessamment, de manière à produire le phénomène hygiénique du ramollissement de la fibre, au moyen de la surexcitation constante des nerfs et de la fatigue des sens. Mais si l'étude musicale est discrètement mesurée aux moyens progressifs de l'adolescent, si elle est coupée par des travaux hétérogènes et par des récréations gymnastiques, soyez assuré que le jeune musicien conservera toute l'énergie de son caractère, toute la fougue des inspirations naturelles.

Parmi ceux des antagonistes d'un théâtre lyrique pour le peuple qui s'opposent systématiquement à l'invasion du goût de la musique dans les classes inférieures, il en est qui n'appuient leur opinion que sur un seul motif : c'est qu'il y a profanation de l'art dans sa vulgarisation. Ils prétendent que la musique ne saurait devenir populaire qu'autant qu'elle serait abaissée à la portée de tous, et ils font un tableau effrayant des dégradations successives que subit nécessairement l'œuvre du génie, depuis la pensée créatrice qui le jette dans le moule d'une partition, jusqu'au travail grossier du manœuvre qui le démembre et le prostitue dans un orgue de Barbarie.

Loin de nous la pensée de vouloir populariser l'art au moyen du cornet à piston et de l'orgue de Barbarie que les vagabonds promènent dans les carrefours. Pour faire participer les masses aux bienfaits de l'harmonie, ce sont d'autres ressources qu'il faut employer, et avant tout, c'est une éducation générale qu'il s'agit de commencer.

Entendons-nous bien une fois pour toutes : nous

ne voulons pas ravaler l'art jusqu'à l'intelligence défectueuse du prolétaire, mais nous voulons qu'on élève le prolétaire jusqu'à l'intelligence de l'art. Ce n'est point en musicien animé de l'esprit de corps que nous parlons; c'est en moraliste et en philosophe, et nous le faisons parce que nous sommes profondément convaincus que l'amélioration des mœurs populaires est intimement liée avec le progrès de la vulgarisation musicale.

Vous voulez, dit encore M. Stephen de la Madeleine, que la musique, par un étrange privilége, demeure le délassement des hautes classes de la société, qui la comprend à peine et qui ne lui accorde qu'une admiration bruyante, vaniteuse et peu sincère. Moi je vous dis qu'il n'est pas nécessaire d'être duc ou pair ou agent de change, et d'avoir une loge à l'Opéra, pour posséder un bon sentiment musical. Le premier prolétaire venu, s'il a l'usage de ses deux oreilles, est apte, aussi bien qu'un fashionable du balcon des Italiens, à juger sainement une partition. Dans l'état où sont les choses aujourd'hui, je ne dis pas qu'il apprécierait convenablement une symphonie de Beethoven, la finesse de ses détails et le luxe de son instrumentation. Le prolétaire est encore emmaillotté dans les langes de la chanson; mais son éducation serait plus facile à faire qu'on ne croit.

En Allemagne, voyez-vous, le peuple, c'est-à-dire la population tout entière, juge l'œuvre d'un maître et la comprend, lors même que son exécution serait loin d'être satisfaisante. Entre le compositeur et son public, l'intermédiaire de l'audition est toujours sûr; car les Allemands savent bien faire la part de chacun, et celle du génie est toujours la première et la meilleure. Chez nous, c'est bien différent : pour qu'un ouvrage ait du succès, pour qu'il soit apprécié des connaisseurs, c'est-à-dire des trois ou quatre cents amateurs qui existent à Paris, il faut d'abord et avant tout que l'exécution en soit bonne. On applaudit le chanteur avant d'écouter ce qu'il chante, et quelquefois c'est une roulade bien perlée qui décide du sort d'une partition. En vérité, je parle d'éducation populaire, mais celle de nos soi-disant *dilettanti* aurait grand besoin de se retremper à l'étude de la nature et du vrai dont elle est si éloignée.

Voilà ce que dit M. Stephen de la Madeleine, et j'ajouterai que la plupart de ces dilettanti feront bien de venir voir, avant de formuler leur opinion, comment l'ouvrage est apprécié par le peuple; guide peu éclairé, il est vrai, mais toujours juge impartial, parce qu'il ne connaît pas encore la camaraderie artistique. Pour lui, le bon est toujours bon, et le mauvais toujours mauvais.

Ici se termine la tâche que nous nous étions imposée, car nous avons prouvé que *le peuple aimait la musique ; que l'opéra a été de tout temps exécuté aux boulevards ;* enfin que *la musique avait de l'influence sur l'homme*, qu'elle était pour lui comme un talisman; nous disons de la musique ce que notre Béranger disait du violon :

> Il délassait des longs ouvrages ;
> Du pauvre étourdissait les maux.
> Des grands, des impôts, des orages,
> Lui seul consolait nos hameaux.

> Les haines, il les faisait taire ;
> Les pleurs amers, il les séchait.
> Jamais sceptre n'a fait sur terre
> Autant de bien que mon archet.

Nous avons prouvé également que cette musique, habilement mise en usage, pouvait améliorer les mœurs du peuple ; nous laisserons agir maintenant la direction de l'*Opéra-National*, assuré d'avance qu'elle saura habilement faire usage du puissant levier que l'on a remis entre ses mains.

Nous ne pouvons cependant pas terminer ce petit travail sans dire que, voulant fonder un établissement musical devant servir de complément à l'Orphéon, le gouvernement ne pouvait pas le placer en des mains plus habiles et plus expérimentées. M. Mirecour, le directeur de l'Opéra-National, est un artiste distingué, amant passionné des beaux-arts, Il a donné dans maintes circonstances des preuves de l'intérêt qu'il porte aux artistes, et a fait preuve envers eux de bonne camaraderie. Acteur lui-même, M. Mirecour connaît les égards que méritent ses pensionnaires ; mais sachant unir la justice à la sévérité, il distinguera, nous n'en doutons nullement, en y faisant droit, les justes demandes des ridicules exigences ou folles prétentions auxquelles il saura résister. Pour être directeur, il faut deux choses : de la TÊTE et du COEUR, et M. Mirecour a prouvé en mainte occasion qu'il possédait l'une et l'autre.

M. Adolphe Adam, membre de l'Institut, co-directeur, s'est chargé de la partie musicale; compositeur charmant, ses mélodies, élégantes et faciles, sont chantées par toutes les classes de la société; qu'on ne croie pas qu'il soit aussi aisé qu'on le pense de trouver des mélodies faciles; la médiocrité ne marche que par des sentiers tortueux, le génie seul va au but directement.

M. Adam, dont les partitions ont été autant de bonnes fortunes pour l'Académie royale de Musique et l'Opéra-Comique, n'avait pas besoin d'un troisième théâtre lyrique pour l'exécution de ses œuvres : il a donc en se chargeant de la partie musicale, fait acte d'excellente confraternité pour ses collègues, de paternelle sollicitude pour les lauréats de l'Institut, d'intérêt et de dévouement pour les jeunes gens dans l'œuvre qu'il vient d'entreprendre. Tout le monde lui saura gré de son abnégation et du courage qu'il a montré pour arriver à son but; les témoignages d'estime et de reconnaissance de tous les gens honnêtes le dédommageront largement de toutes ses peines.

Si le malheur voulait enfin que ces deux hommes de bien ne pussent mener à bonne fin la grande œuvre de la moralisation du peuple par la musique, il leur resterait toujours l'insigne honneur de l'avoir entreprise.

Imprimerie Dondey-Dupré, rue St-Louis, 46, au Marais.

www.ingramcontent.com/pod-product-compliance
Lightning Source LLC
LaVergne TN
LVHW051458090426
835512LV00010B/2223